Accoudé au bastingage,
Jean-Baptiste Debret,
peintre de la geste impériale,
aujourd'hui en disgrâce,
sent chaque battement du glas résonner
dans sa chair d'exilé

Quel contraste entre cette cloche funèbre
et ce paysage grandiose...
Debret prend son crayon, et fixe sur
le papier cette impression première.
Montagnes et collines entrelacées donnent
confusément l'illusion d'un géant couché.

Et maintenant que la brume de chaleur se lève, il découvre au loin le Pain de Sucre, gardien de la baie. Enfin à quai, il est entouré de porteurs noirs. Au milieu de cette foule d'esclaves, des courtisans, des dignitaires venus accueillir les Français.

Il n'y a donc plus d'Indiens ?
Debret en verra deux, un peu plus tard,
arrachés à leur forêt vierge. Il y a là, pense le

peintre, un vrai travail à faire, à tout noter, à tout dessiner, de cette nature exubérante habitée d'une humanité bariolée.

Né en 1952, Mario Carelli est totalement partagé entre la France et le Brésil. Agrégé de l'Université, docteur ès lettres, il est chargé de recherches au CNRS. La traduction de romanciers (prix Caillet 1985), l'étude de l'immigration italienne : *Carcamanos e Comendadores*, celle des relations franco-brésiliennes : *France-Brésil : bilan pour une relance* et une vraie passion pour l'iconographie ancienne du Brésil complètent ses travaux sur la littérature brésilienne.

à Émilie

Ce livre a été réalisé à l'occasion de l'exposition « Jean-Baptiste Debret un peintre-philosophe au Brésil : 1816-1831 » Conçue par François Vié, elle a été organisée, dans le cadre des « Années France-Brésil » en collaboration avec Marie-Claire Adès, par le Centre d'action culturelle d'Angoulême, le Musée-Galerie de la SEITA et le musée du Nouveau Monde de La Rochelle, grâce aux prêts du musée Raimundo Ottoni de Castro Maya de la Fondation nationale Pro memoria (musée Chácara do Céu) et de Jean Boghici ; elle a bénéficié du soutien de l'Association française d'action artistique.

Dépôt légal : décembre 1987
Numéro d'édition : 42336
ISBN 2-07-053046-9
Imprimé en Italie

BRÉSIL
ÉPOPÉE MÉTISSE

Mario Carelli

DÉCOUVERTES GALLIMARD
HISTOIRE

Le 8 mars 1500, la cour du roi du Portugal se met en grand deuil pour le départ d'une armada de treize caravelles. Un capitaine de trente-deux ans, Pedro Álvares Cabral, relève le défi d'un autre Portugais, Vasco de Gama, qui vient de découvrir la route des Indes ! Cabral part vers l'Orient mais il va affronter l'Océan par le sud-ouest... et il atteint une terre nouvelle, le Brésil.

CHAPITRE PREMIER

LA TERRE DES CANNIBALES

Les Indiens ne sont-ils que des païens affublés d'horribles démons? Ou bien pourront-ils, une fois baptisés, rendre hommage au Christ? Dans ce tableau portugais de 1505 (cinq ans seulement après la découverte), un «Brésilien», symbole du Nouveau Monde, a pris la place du Roi mage noir Balthazar qui représentait traditionnellement l'Afrique.

On sait peu de choses sur le gentilhomme portugais Pedro Alvares Cabral né vers 1467. Son père avait combattu les Maures et participé aux premières expéditions portugaises vers l'Orient. De retour du Brésil, épuisé, mal en cour, Cabral refusera de repartir dans l'océan Indien; il se retirera dans ses terres où il va mourir en 1520.

Le 22 avril 1500, à l'heure des vêpres, les Portugais aperçoivent une imposante colline couverte de forêts. Pedro Alvares Cabral ne doute pas qu'ils viennent d'atteindre une île nouvelle et il s'empresse de la baptiser Terre de la Vraie Croix. Ils longent les côtes jusqu'à trouver un port sûr pour leurs vaisseaux.

Une soixantaine de sauvages armés d'arcs et de flèches les observent avec une curiosité ombrageuse. Le capitaine fait inviter deux d'entre eux à monter dans sa caravelle. La première rencontre va avoir lieu, elle sera décisive pour l'avenir de ce «monde nouveau».

Les deux jeunes guerriers font bonne impression. «Ils ont un aspect brun, tirant vers le rouge, avec de bons visages et de bons nez, bien faits», note le

Le chroniqueur officiel de l'expédition de Cabral est un lettré de talent, Pero Vaz de Caminha, qui saisit sur le vif la rencontre des deux univers. Il la décrit dans une lettre qui parviendra au roi, mais ne sera publiée qu'au XIXe siècle : les Portugais ne veulent en aucun cas ébruiter les richesses de leurs conquêtes pour ne pas attirer l'attention de leurs rivaux.

chroniqueur Pêro Vaz de Caminha, sans doute en opposition aux Noirs d'Afrique bien connus des Portugais à cette époque-là. De plus, leurs cheveux ne sont pas crépus. Mais curieusement, leur lèvre inférieure trouée est ornée d'un os. L'un des deux porte une coiffe à couvre-nuque de plumes jaunes.

Pour impressionner les indigènes, Cabral, qui ne veut pas être en reste, conçoit toute une mise en scène. En habit d'apparat, il est installé dans un siège sur une estrade, les hommes assis à ses pieds. On allume des torches puis on fait entrer les Indiens qui, à la grande surprise des Portugais, «ne font aucun signe de courtoisie».

Commencent alors les premiers échanges. Les deux camps s'observent mutuellement. Les Indiens ne parlent pas mais l'un des deux fixe le collier du capitaine et fait un grand geste vers la côte «comme s'il voulait indiquer qu'il y a de l'or». Si la vue d'un perroquet leur est familière, si un mouton les laisse indifférents, en revanche, ils sont effrayés par une poule qu'ils ne veulent pas prendre dans leurs bras.

Après avoir mangé du bout des lèvres quelques mets, ils se couchent à même le pont et s'endorment sans faire plus de manières. Le lendemain, les Indiens partent avec des cadeaux, dont une clochette, en compagnie de quelques marins. A terre, les Indiens aux corps peints de rouge et de noir réservent un bon accueil aux Portugais.

Le dimanche, la messe est célébrée sur une île. Les Indiens se sont assis pour assister à la cérémonie. Après le sermon final, ils se mettent à jouer de la trompe et à danser. Un peu plus tard, certains reprennent les danses. Alors, un Portugais se joint à eux et danse aussi au son d'une musette. Les Indiens rient en le voyant faire des acrobaties. Les marins s'amusent également lorsqu'un vieil Indien veut mettre une pierre verte dans la lèvre du capitaine. Depuis un moment, les Sauvages ont posé leurs armes et le troc va bon train car les Portugais entendent apprivoiser ces êtres rétifs «comme des oiseaux».

L'armada de Pedro Alvares Cabral, treize caravelles au départ, perd d'abord quatre bâtiments le 24 mai 1500 dans une tempête au large du cap de Bonne-Espérance. D'autres vont sombrer au cours du périple, si bien qu'il ne reste plus que quatre navires à son retour à Lisbonne. Un manuscrit de la fin du XVIe siècle rappelle, dans un tableau imagé, les déboires de cette armada.

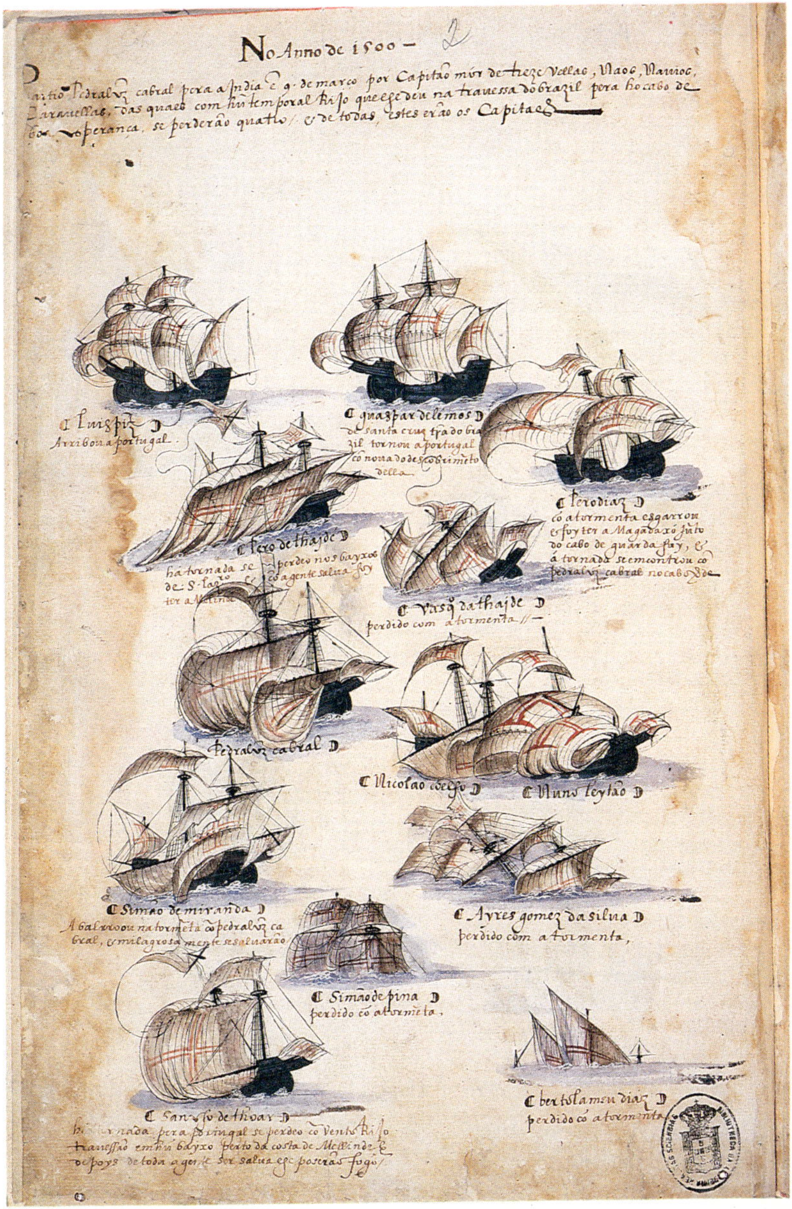
No Anno de 1500 –
Luis piz
Arribou a portugal
Gaspar de lemos
Pero diaz
Pero de thajde
Vasco da thajde
perdido com a tormenta
Pedralvz cabral
Nicolao coelho
Nuno leytão
Simão de miranda
Ayres gomez da silva
perdido com a tormenta
Simão de pina
Sancho de thoar
bertolameu diaz

Ces premiers contacts sont de bon augure. Les Portugais sont convaincus que ces hommes et ces femmes «barbares» ne demandent qu'à se convertir à la vraie foi. En effet, lors d'une deuxième messe, les Indiens imitent en tous points les gestes du rituel catholique et ils embrassent l'imposante croix qui a été dressée «en l'honneur du Christ rédempteur du monde, Seigneur du Ciel et de la Terre», selon le vœu du roi.

Au bout de neuf jours, la conclusion semble s'imposer : les Indiens vivent dans un état d'innocence proche de celle d'Adam avant le péché originel puisqu'ils n'ont pas honte d'être nus. Et la terre bénéficie de toutes les grâces : tout ce que l'on plantera y poussera car le climat est propice et l'eau ne manque pas.

Pour Cabral, le voyage n'est pourtant pas terminé, une caravelle repart vers Lisbonne avec l'heureuse nouvelle, les autres reprennent le large vers l'Orient en laissant sur place deux condamnés qui devront apprendre la langue des Sauvages et se familiariser avec leurs coutumes. Un jour prochain, ils serviront d'interprètes à d'autres navigateurs portugais.

La reconnaissance du Nouveau Monde

Dom Manuel veut connaître l'ampleur des découvertes de Cabral et envoyer d'autres navires vers ce qu'il croit toujours être l'île de Sainte-Croix.

Dans les forêts luxuriantes, les Portugais dressent la Croix du Christ et célèbrent une première messe (à gauche). Mais dans ce paradis terrestre retrouvé, les conquérants cherchent surtout des richesses matérielles.

Ce portulan de l'Atlas Miller (1519) présente les Indiens à côté d'une hydre qui domine les régions inconnues de l'intérieur. Les armes du Portugal surplombent ce vaste territoire et en bas, un Indien assis sur les talons, les bras tendus, veille sur l'entrée du Rio de la Plata. La légende précise : «Les habitants sont foncés de peau. Sauvages, très cruels, ils se nourrissent de chair humaine. Ils sont aussi très habiles au maniement des arcs et flèches. Dans ce pays vivent des perroquets multicolores, des oiseaux innombrables, des bêtes sauvages monstrueuses... C'est là que pousse en grande quantité l'arbre appelé brésil qui est utilisé pour teindre les étoffes de pourpre.»

Pour cela, il intéresse des armateurs – qui pres entent immédiatement la rentabilité de l'expédition – et engage un grand navigateur, Amerigo Vespucci, qui avait déjà travaillé pour le roi d'Espagne. En 1501, Vespucci gagne les côtes brésiliennes mais ses contacts avec les Indiens se révelent difficiles.

Il est partagé entre une impression idyllique de ces hommes qui vivent dans un état de nature, sans gouvernement, sans lois, sans religion, mettant tout en commun, en particulier leurs femmes séduisantes, et l'horreur devant leurs mœurs d'anthropophages. Car, dès l'abord, il est témoin d'une scène de cannibalisme. Un de ses hommes a voulu rencontrer des Indiennes. Le malheureux est tué à coups de bâton, et aussitôt rôti et dévoré par ces Sauvagesses.

Après ces premiers contacts, l'Indien est à la fois redouté et exalté. En effet, les Européens, quels qu'ils soient, ne savent que penser lorsqu'ils se trouvent face aux Sauvages. Leur perception va de l'idéalisation des nostalgiques du Paradis perdu à la caricature monstrueuse. Les deux extrêmes sont encore plus frappants chez les illustrateurs qui ne sont pas allés au Brésil et qui interprètent les récits des voyageurs de manière fantaisiste.

Amerigo Vespucci divulgue la découverte du Brésil dans une lettre de 1504, Mundus Novus. Ce récit connaît un tel succès qu'un cartographe donne son nom au continent américain tout entier.

Pour l'heure, le roi du Portugal ne cherche pas à conquérir la terre. Ses visées sont essentiellement mercantiles

Il faut dire que les forces humaines portugaises sont limitées. Le Portugal compte moins de deux millions d'habitants, dont un quart s'expatriera durant le XVIe siècle dans ces territoires qu'ils sont en train de conquérir.

Par ailleurs, ces nouvelles terres découvertes par Cabral ne recèlent, à première vue, aucun des produits que l'Europe convoite : ni or, ni argent, ni pierres précieuses, ni épices, ni soieries, ni porcelaines, dont regorge l'extrême Orient... Pourtant, un produit, le bois brésil, va justifier les vagues d'expéditions. Le bois de braise, brasil, est très prisé pour faire de la teinture. Son commerce devient tellement actif qu'il donne son nom aux terres nouvellement découvertes. Cette appellation supplante rapidement le nom originel de Terre de la Vraie Croix.

En 1503, dom Manuel passe un accord avec un marchand juif récemment «converti» au catholicisme sous la pression de l'Inquisition. Fernão de Noronha est un de ces «chrétiens nouveaux», comme on les appelle alors avec ironie, qui seront très actifs dans la colonisation du Brésil. Il va faire parvenir à Lisbonne des chargements de bois brésil considérables.

Dans leur liturgie sanglante, les Indiens cannibales croient qu'ils incorporent le courage et les vertus de l'ennemi qu'ils dévorent. Les Européens n'y voient que cruauté. Mais «les usuriers d'Europe suçant le sang et la moelle de la veuve et de l'orphelin sont encore plus cruels que les sauvages», soutiendra leur défenseur, Jean de Léry.

Le Brésil n'est pas seulement convoité par les Portugais, qui s'en estiment les possesseurs légitimes... Les Français y ont aussi des visées. Et les tribus indiennes sont impliquées dans cette guerre, y laissant, elles, le plus de morts. En 1549, face à cette hécatombe, les Jésuites ne craignent pas de s'élever contre les conquérants pour défendre les Indiens : ces «bêtes à apparence humaine» sont bien des hommes à part entière.

CHAPITRE II

LES INDIENS REBELLES

Les Sauvages vont être pacifiés de bien des manières. L'une d'entre elles consiste à tolérer et même à favoriser l'union des colons avec les Indiennes dont naissent des métis comme cette superbe mameluca peinte au XVIIe siècle par le Hollandais Albert Eckout.

A l'arrivée des Portugais, les Indiens, maîtres des lieux, sont près d'un million. Les multiples tribus indigènes se divisent traditionnellement en deux groupes principaux : les Tupis et les Tapuyas. De la zone côtière du Sud jusqu'au bassin amazonien, les Tupis dominent une grande partie des autres ethnies. La venue des Européens va profondément perturber la vie de ces tribus fort diverses et leurs relations entre elles. Seuls les Tapuyas de l'intérieur, plus rebelles et farouchement indépendants, résisteront longtemps aux conquérants.

Sur cette gravure de la Cosmographie universelle d'André Thevet, des Indiens herculéens abattent des arbres de bois brésil et les débitent en morceaux de un ou deux mètres. Ils en chargent les navires qui attendent près du rivage leur cargaison destinée à l'Europe.

Dès 1503, les marins de Dieppe et de Honfleur établissent des liens commerciaux avec le Brésil

Les Français font du troc avec les Indiens des côtes, sur le territoire desquels, en plus du bois de teinture, ils viennent chercher de l'ambre, du coton, des oiseaux exotiques et des singes. La rivalité franco-portugaise s'amplifie : les compagnies d'armateurs normands et bretons n'hésitent pas à pirater les navires portugais et leurs cargaisons. Les Portugais se plaignent au nom du traité de Tordesillas qui, dès 1494, avait donné en partage cette région du monde à l'Espagne et au Portugal. Les Français, évidemment, refusent de reconnaître le bien-fondé d'un tel traité, même s'il a l'aval du pape. François Ier, avec une parfaite mauvaise foi, va même jusqu'à demander à voir le testament d'Adam!

Le roi du Portugal dom Manuel avait octroyé des concessions. Dom João III crée, lui, des «capitaineries héréditaires»

En effet, le système de «factoreries» du début s'avère bien précaire face à la concurrence française. Cette situation ne peut durer. Arrivé au pouvoir en 1521, dom João III met au point une autre formule, les «capitaineries héréditaires», qu'il généralisera en 1532. Le Brésil est divisé en lots de terres que les capitaines donataires, nobles ou guerriers, doivent peupler, administrer et développer à leurs propres frais. Le roi conserve entre autres, le monopole du bois brésil et des épices, ainsi que le cinquième des métaux précieux. Quelques criminels et proscrits de tous poils se retrouvent aux côtés des colonisateurs venus faire fortune. Assez rapidement, cette population se stabilise, des familles se constituent, issues pour la plupart de mariages avec des Indiennes.

Mais il ne suffit pas de mettre sur pied un système de colonisation. Les Portugais doivent également se débarrasser des Français. Or, dans le Nordeste, si les Tabajaras sont alliés aux Portugais, les Potiguaras, eux, sont les amis

« C'est un arbre qui devient gros et fort grand et dont l'écorce est brune et armée de piquants courts et épars. (...) Le bois intérieur de son tronc est rouge mais il est recouvert d'un aubier fort épais. (...) C'est avec ce bois que l'on teint en rouge les œufs de Pâques et les racines de guimauve pour nettoyer les dents. Du bois de Brésil de Pernambouc, on tire une espèce de carmin par le moyen des acides; on en fait aussi de la laque liquide pour la miniature. Et avec la teinture de ce bois, on compose cette craie rougeâtre qu'on nomme rosette et qui sert pour la peinture. »

Lamarck, Dictionnaire de botanique

TERRES NOEVFVES
Montaignais
FRANCE
COSTE DE LA FLORIDE
TROPICQVE
Noeufues Espaignes
LE PERV
Riuiere des Amazones
TROPICQVE DE CAPRICORNE

des Français. Et rien n'est définitif : les alliances peuvent se renverser. Dans la région de Rio de Janeiro, à partir de 1531, les Tupinambás rompent avec les Portugais pour prendre le parti des Français, «à cause des offenses reçues». Commencent alors des combats incessants, autour d'une nouvelle colonie que les Français veulent établir de manière permanente au Brésil.

Cette carte enluminée de 1613 rappelle la présence française au Brésil. Mais l'écu français, avec ses fleurs de lys, que l'on voit au-dessus du terrritoire de la «France antarctique» est écrasé par le blason de Castille.

Les déboires de la France antarctique

En 1555, le vice-amiral de Bretagne Nicolas Durand de Villegagnon fonde, sur une île de la baie de Guanabara, une colonie qu'il baptise pompeusement la «France antarctique». Ce chevalier de Malte, austère et pieux, ne badine pas avec les principes. Il interdit notamment à ses hommes d'armes et aux bandits embrigadés pour fonder la colonie de «paillarder avec les chiennes d'Indiennes», avec ces «bêtes à apparence humaine». Pour peupler la France antarctique, il fait donc venir de bons chrétiens, disciples de Calvin pour la plupart. Bientôt naissent des querelles théologiques sans merci entre catholiques et protestants, qui préfigurent, à une petite échelle, les guerres de religion qui vont bientôt déchirer l'Europe.

Jean de Léry est l'un de ces protestants de la France antarctique. Il s'attache aux Indiens qu'il observe de près pendant des mois entiers. De retour en France, il écrit le récit de son Voyage fait en la Terre de Brésil, qui sera à l'origine du mythe du Bon Sauvage.

En 1558, les Portugais obtiennent la reddition du Fort Coligny que Villegagnon a confié à son neveu. Incapables de dépasser leurs conflits internes et

« Les Sauvages d'Amérique habitant en la terre du Brésil ne sont pas plus grands, plus gros ou plus petits de stature que nous sommes en Europe; ils n'ont donc le corps ni monstrueux, ni prodigieux par rapport à nous. Ils sont même plus forts, plus robustes et replets, plus dispos, moins sujets à la maladie : et même, il n'y a presque point de boiteux, borgnes, contrefaits ni malfaits chez eux. (...) Ils boivent tous vraiment à la fontaine de Jouvence, par le point de soin et de souci qu'ils ont des choses de ce monde. »

Jean de Léry,
Voyage fait en la Terre de Brésil

d'intégrer les Indiens à la société qu'ils veulent construire, les Français ont échoué. Leurs alliés indiens sont persécutés : le dernier foyer de résistance tupinambá est détruit en 1574. Les morts sont innombrables et les Portugais font, en outre, dix mille prisonniers. Pris d'effroi, les survivants se replient dans les terres en allant chaque fois plus loin.

Le sort des Tupiniquins, alliés des Portugais, n'est guère plus enviable. Ils restent dans la région de Rio de Janeiro, mais ils sont victimes d'épidémies et beaucoup sont réduits en esclavage.

Entre l'histoire et la légende : Caramuru

Un jour de 1510, un navire portugais échoue sur une plage avant d'atteindre la région de Bahia. Des Tupinambás attendaient les rescapés qu'ils massacrèrent sans pitié. Diogo Alvares, épuisé, conserve pourtant son mousquet. Il tire en l'air et abat un oiseau. Impressionnés par ce prodige, les Indiens le conduisent triomphalement dans leur tribu et le nomment Caramuru, «homme du feu, fils du tonnerre». Diogo a sa case, ses femmes et bientôt des enfants. Parmi les Indiennes, il s'attache en particulier à Paraguaçu, fille du chef. Profitant d'un passage du bateau malouin de Jacques Cartier en quête de bois brésil, Diogo décide de partir : Paraguaçu l'accompagne. A Saint-Malo, en 1528, Caramuru-Diogo épouse Paraguaçu, qui reçoit le nom de Catherine du Brésil. Tous deux regagnent ensuite le Brésil. Les premiers temps, Caramuru a quelques démêlés avec les Portugais qui

L'histoire de Caramuru et de sa femme, Catherine Paraguaçu, sera immortalisée dans un poème épique de 1781. Santa Rita Durão y racontera le drame de Moema, la rivale, qui se noya en essayant de rejoindre le navire malouin emportant le couple vers l'Europe. Ce portrait de Catherine Paraguaçu se trouvait dans la chapelle qu'elle avait fondée en 1536, Nossa Senhora da Graça, à Salvador de Bahia.

le suspectent d'être un agent français. Mais bientôt ils ne pourront plus se passer de ses services : c'est l'époque de la fondation du Salvador. Caramuru meurt en 1557 et Paraguaçu reste jusqu'en 1586 à la tête de sa nombreuse famille.

Tomé de Sousa débarque avec les Jésuites à Bahia. La ville devient à la fois le siège de l'administration coloniale et le centre de rayonnement missionnaire.

En 1548, dom João III, le «Colonisateur», nomme Tomé de Sousa premier gouverneur général du Brésil

Il s'agit d'endiguer une fois pour toutes la concurrence étrangère. En outre, le roi obtient du pape que soit créé le premier évêché

à Salvador de Bahia, siège de la Capitainerie générale : dès lors, les structures administratives et religieuses sont mises en place pour une véritable colonisation. Cette politique change totalement le type de peuplement de la région. Les Indiens vont déserter le Nordeste; on en comptait à peu près 40 000 à Bahia en 1563, il ne seront plus que 3 000 vingt ans après. Les conflits avec les Indiens, les querelles entre colons et prêtres, les combats contre les Français rendent la colonie ingouvernable. Seul le troisième gouverneur, Mem de Sá, réussira à prendre la situation en main.

Cette gravure du début du XVIIe siècle est intitulée «Portrait au naturel des barbares amenés en France et représentés en posture qu'ils tiennent en dansant». Vêtus à la mode européenne, les Brésiliens gardent leur coiffure traditionnelle et une pierre à la lèvre. On les exhibe dans les cours et les villes d'Europe.

«Mission» : le contre-pouvoir jésuite

Avec le premier gouverneur, sont arrivés quelques religieux de la Compagnie de Jésus, fondée peu de temps auparavant, en 1539, par saint Ignace de Loyola. Les Jésuites s'emploient avec ardeur à convertir les chefs et à éduquer les jeunes garçons indiens. Dans leurs missions et leurs collèges, ils leur enseignent les rudiments de la religion catholique, à la fois en portugais et en tupi. Par souci pédagogique, ils recourent même à la musique et au théâtre. Ils leur font également apprendre des métiers utiles à la colonisation, tels que le tissage ou la menuiserie.

Toutes les traditions locales qui ne leur semblent pas incompatibles avec l'Evangile sont respectées. Cependant, en cherchant à stabiliser des populations traditionnellement semi-nomades, à organiser leurs horaires, à transformer leur production, les Jésuites provoquent des déséquilibres graves – moins désastreux toutefois que lorsque les Indiens sont livrés à la brutalité des colons.

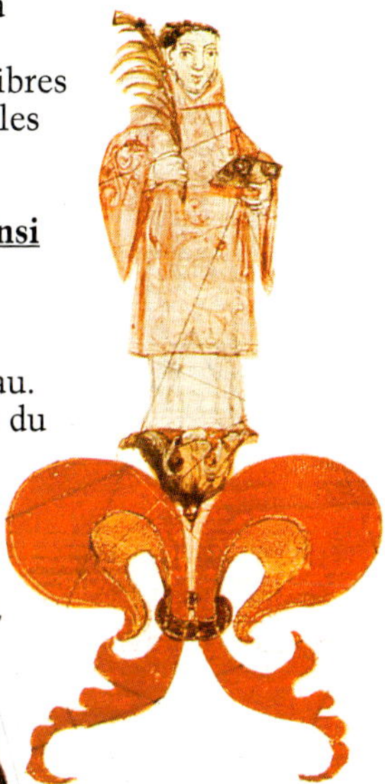

Quelques maisons de torchis sur un plateau : ainsi naît São Paulo

Afin de se rapprocher des tribus indiennes, les Jésuites décident de créer un collège sur le plateau. En 1553, le père Nobrega rencontre le Caramuru du Sud, João Ramalho, Portugais établi dans cette région depuis une quarantaine d'années et qui possède une nombreuse descendance d'une Indienne, fille d'un chef puissant, Tibiriça. João Ramalho accueille le jésuite et, avec des Indiens, l'aide à construire un hameau et à regrouper cinquante catéchumènes. C'est São Paulo, avec ses fortifications, qui vont protéger la ville des attaques des Indiens rebelles.

Le vieux provincial est secondé par un être d'exception, celui qui deviendra le Bienheureux père José de Anchieta. Envoyé au Brésil à l'âge de dix-neuf ans, il réussit à s'identifier aux Indiens dont il maîtrise la langue au point

Outre les Jésuites, divers ordres religieux s'implantent au Brésil. Bénédictins, Franciscains, Carmélites, Capucins, Oratoriens, Dominicains viennent ainsi christianiser les Indiens.

d'en concevoir la première grammaire. Poète, il écrit des pièces de théâtre en tupi pour les catéchiser. Il n'a de cesse de réconcilier ses protégés avec les Portugais. Nommé provincial, il aura à parcourir plusieurs capitaineries du Nord; c'est là qu'il meurt d'épuisement, dans le fin fond de l'Espirito Santo, en 1597. Les Indiens improvisent alors un convoi mortuaire jusqu'à la côte.

Du XVIe au XIXe siècle, les missionnaires réorganisent le mode de vie des Indiens, en les habillant, en les alphabétisant et, bien sûr, en les catéchisant.

Las de la misère et rêvant des richesses coloniales, de plus en plus de Portugais tentent leur chance au Brésil

João Ramalho est le prototype de ces colons qui arrivent au port de São Vicente, avec leurs bras pour tout capital, et que l'on envoie créer des plantations à l'intérieur des terres. Aidés souvent par des Indiens déjà pacifiés, ils construisent une cabane en torchis, mettent le feu à la forêt environnante pour planter du manioc sur les brûlis, et ne tardent pas à se marier avec des Indiennes chrétiennes qui leur transmettent leur culture traditionnelle. Petit à petit, les Portugais s'habituent à vivre de la chasse et de la pêche, cultivent les plantes locales dont leurs femmes leur apprennent les noms tupi, s'habituent aux gâteaux de manioc, tout en élevant, comme au Portugal, des cochons et quelques poules. Séchée et salée, la viande ne manque jamais chez eux.

Les premiers enfants naissent, et sont pieusement baptisés. Ces mamelucos – terme repris du Portugal, où l'on nommait ainsi les enfants métis de mère maure – apprennent à lire et à écrire en portugais chez les pères du collège de São Paulo, tout en sachant déjà le tupi qu'ils parlent avec leur mère et leurs parents indiens – et ayant été initiés aux secrets de la forêt par leurs oncles.

Les Indiens, entre le sabre et le goupillon

En 1610, près de cent mille Indiens vivent dans les missions, mais les autres ont fui ou ont été tués au cours de révoltes. Ils ont été spoliés peu à peu de leurs terres au profit des grandes exploitations des Européens. Quand ils ne sont pas massacrés au nom de conflits coloniaux qui les dépassent, les Indiens sont décimés par la variole et d'autres épidémies que les Blancs leur ont transmis. Malgré la loi qui est censée les protéger, ils sont, de fait, réduits à la condition d'esclaves. Les Portugais, en effet, pratiquent depuis longtemps l'esclavage – depuis leurs premières incursions en Afrique, au XIVe siècle. Les Indiens résistent comme ils peuvent : ils se replient à l'intérieur des terres, loin des Portugais dont les comptoirs, les plantations et les forts sont dispersés le long de huit mille kilomètres de côtes. Ceux qui se

« Rien n'est plus incroyable que la détestable méchanceté des Chrétiens eux-mêmes. Certains Mamelucos s'emploient à détruire ce qu'avec la grâce de Dieu nous essayons de construire. »
Père Anchieta

retrouvent comme esclaves dans les plantations ne s'adaptent pas au travail sédentaire : ils ne songent qu'à fuir, fuir pour revenir avec les leurs attaquer les maîtres qui les ont maltraités.

En effet, la législation protégeant les Indiens s'avère totalement inefficace. Le roi tente en vain de limiter les excès des colons. Dès 1537, la bulle «Veritas Ipsa» du pape Paul III reconnaissait solennellement qu'ils étaient des hommes à part entière et qu'on ne pouvait en faire des esclaves... mais ce document resta lettre morte.

Après la mort du jeune roi portugais dom Sebastião, écrasé par les Maures en terre d'Afrique, la couronne du Portugal, faute de successeur, revient en 1580 au monarque espagnol Philippe II. Le Portugal et ses colonies resteront espagnols jusqu'en 1640 quand dom João IV reconquiert l'indépendance nationale et fonde une nouvelle dynastie portugaise, les Bragance. Philippe III voulut donner une totale liberté aux Indiens, mais, sous la pression des colons, il fut contraint à revenir sur sa décision et dut admettre la légitimité d'asservir les prisonniers d'une guerre soi-disant juste contre les païens.

“ La tactique des chasseurs d'Indiens est d'attaquer les cabanes des sauvages, d'en tuer les hommes, et de tâcher de ramener prisonniers les femmes et les enfants. Naguère sauvages eux-mêmes, ils sont plus aptes que les Européens à employer les ruses nécessaires à ces sortes d'expéditions ”

J.-B. Debret

La cruelle épopée des Bandeirantes

Maîtres des côtes, les colonisateurs veulent agrandir leur territoire. Des aventuriers de São Paulo, les Bandeirantes, montent des expéditions vers l'intérieur. Sous prétexte de chercher des métaux précieux, ils se livrent à la chasse à l'Indien, un

La bandeira, le drapeau portugais orné de la Croix du Christ était l'emblème des Paulistes, d'où leur nom de Bandeirantes. Ils n'hésitent pas à affronter la forêt tropicale et ses tribus hostiles, à descendre les grands fleuves impétueux, dans l'espoir de trouver l'Eldorado. A la fois bandits de grand chemin et explorateurs, ils sont les premiers découvreurs de l'Ouest brésilien, les véritables artisans de la mise en valeur de ses richesses naturelles.

marché très rentable, car éleveurs et planteurs sont systématiquement demandeurs. Les Indiens valent cinq fois moins cher que les Noirs que l'on commence à faire venir d'Afrique, et leur capture est toujours légitimée comme butin de guerre. A l'apogée de leur puissance, entre 1628 et 1641, les Bandeirantes n'hésitent pas à s'attaquer aux missions jésuites du Sud.

A la fin du XVIIe siècle, ils trouvent enfin les mines d'or tant espérées. La ruée commence et, avec elle, le peuplement des régions du Centre (Minas Gerais, Mato Grosso et Goiás). Cette découverte entraîne l'exploration de ces régions et leur développement économique, au détriment du Nordeste sucrier déjà en décadence. Ces «fils de la terre» conquièrent l'intérieur, se distinguant ainsi des Portugais qui se cantonnaient aux côtes. Ils se heurtent une fois encore aux Indiens tapuyas qui s'opposent à leur avancée vers l'Ouest.

L'exploration de l'Amazonie

Dès le début du XVIIe siècle, des expéditionnaires intrépides avaient franchi la ligne de démarcation de Tordesillas. Les Bandeirantes pénètrent dans les terres en suivant les fleuves et fondent des villages. Ils explorent tout d'abord la vallée de l'Amazone, puis bouclent le territoire amazonien par l'ouest. Il faudra plusieurs décennies pour mener à bien une laborieuse conquête de la forêt amazonienne.

Jésuites et Franciscains s'enfoncent aussi dans la forêt vierge. Mais leur action est de s'interposer entre Indiens et Bandeirantes, dont le véritable but est «d'arracher de leurs veines l'or rouge qui a toujours été la mine de cette province». Cette dénonciation vient du père Antonio Vieira, qui arrive dans le Maranhão en 1652 avec un ordre royal pour affranchir les Indiens. Un pareil programme provoque l'expulsion des Jésuites en 1661. Ils seront expulsés trois fois à quelques années d'intervalle. Le père Vieira

« La rivière des Amazones est la plus longue et la plus large qui soit au monde. Par elle on peut naviguer au pays des Amazones séparées d'avec les hommes qu'elles ne fréquentent que bien rarement, comme quelquefois en secret la nuit. Elles tuent leurs enfants mâles... si c'est une femelle, elles la gardent avec elles. »

André Thevet

n'abandonne pas son combat; dirigeant les missions amazoniennes, il finit par obtenir l'interdiction de la capture des Indiens et un véritable «Règlement pour la protection des missions» où les Indiens sont systématiquement regroupés.

Si le nombre des Indiens diminue, leur culture subsiste, en partie intégrée par les nouveaux maîtres des lieux

Les mamelucos, ces enfants nés des unions entre colonisateurs et Indiennes, jouent un rôle clé dans la prise de possession des terres. Ils sont à la fois familiers de la grande forêt, et savent utiliser les armes à feu européennes.

Dans le Sud, le fleuve Tietê sert de «route mobile» par excellence. Les Paulistes, descendants des Portugais, adoptent les techniques indiennes :

Au XVIIIe siècle encore, le Français Charles Marie de La Condamine, l'un des rares étrangers autorisés à explorer ces contrées «pour le progrès de la science», semble ne pas douter de l'existence des Amazones.

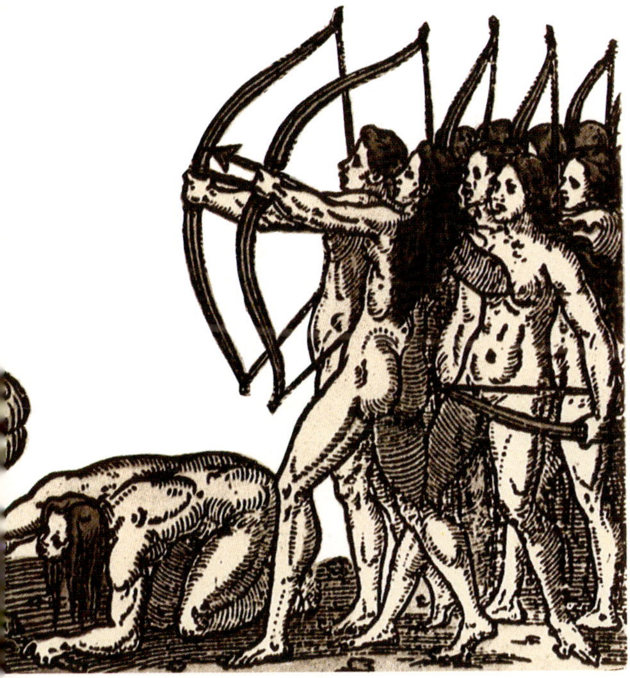

«Mille particularités tendent à confirmer qu'il y a eu dans ce continent une république de femmes qui vivaient seules sans avoir d'hommes parmi elles, et qu'elles se sont retirées du côté du Nord, dans l'intérieur des terres. (...) Cette nation ambulante pourrait bien avoir changé de demeure; mais ce qui me paraît plus vraisemblable que tout le reste, c'est qu'elles aient perdu avec le temps leurs anciens usages, soit qu'elles aient été subjuguées par une autre nation, soit qu'ennuyées de leur solitude les filles aient à la fin oublié l'aversion de leurs mères pour les hommes.»

ils construisent des pirogues – en écorce ou creusées dans des troncs; contre les blessures de flèches empoisonnées, ils emploient des simples, ils pêchent et chassent à l'indienne, font du tissage et de la poterie. Les colons intègrent bien d'autres éléments de la culture matérielle indigène, notamment le manioc qui remplace la farine de blé.

Jusqu'au XVIIIe siècle, les Indiens continuent à représenter 80 pour cent de la main-d'oeuvre des Paulistes. Leur culture demeure à tel point prédominante dans le sud du pays que le tupi

Un cortège de masques monstrueux, d'hommes à tête d'animaux de toute espèce – tigre, tapir, poisson, singe –, est mené par une musicienne battant la mesure sur une écaille de tortue... La scène a l'air d'être prise sur le vif. En réalité, Jean-Baptiste Debret l'a imaginée à partir de masques du musée de Rio.

Le chef des Botocudos porte un étonnant costume en peau de tamanoir. Le diadème de sa femme est fait de roseaux séchés.

(simplifié et grammaticalisé par les Jésuites) en reste «la langue générale», parlée aussi bien par les métis que par les descendants directs des Portugais. Et avec la langue, se transmettent les récits mythiques et folkloriques.

Cette osmose se produit quelquefois à coups de coïncidences culturelles qui permettent les passages entre les deux mondes.

Ainsi, curieusement, la flanelle rouge dont les explorateurs se servent pour signaler les points dangereux des fleuves rappelle aux Indiens la couleur qui leur sert à chasser les mauvais esprits.

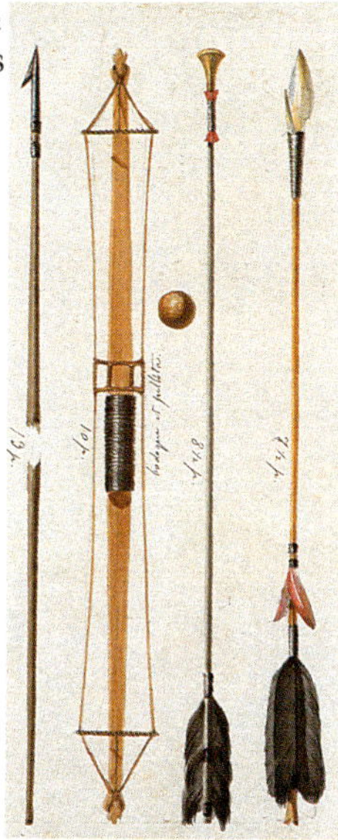

Dans son souci de faire œuvre scientifique, Debret étudie les différentes formes de huttes et de cabanes. En haut, un abri des Patachos avec ses douze perches et sa couverture d'énormes feuilles d'heliconia. Au centre, la hutte des Mundurucus avec sa charpente disposée en voûte. En bas, la forteresse des Youyanors «d'une parfaite construction, entourée par une palissade revêtue de nattes».

J. B. D

L'état de nature, selon Debret

L'artiste ouvre son album consacré aux Indiens sur ce couple de Camacãs, «héritiers du caractère primitif de la race célèbre des Tapuyas. (...) Leur teint est d'un brun jaunâtre foncé, qui n'exclut pas un physique assez généralement beau. Robustes et musculeux, ils vont entièrement nus, ils portent la chevelure longue et tombante jusqu'aux hanches.»

Les guerriers du Mato Grosso

A Rio de Janeiro en 1822, Debret imagine une charge d'Indiens guaiacurus à la manière des scènes héroïques de la peinture napoléonienne.

« Excellents cavaliers, ils se distinguent par leur habileté à dompter les chevaux sauvages qui paissent en liberté. (...) Dans la guerre, la cavalerie sauvage est précieuse pour détruire un camp ou enfoncer une phalange ennemie... Leur tactique est de rassembler une troupe assez nombreuse de chevaux sauvages, qu'ils lancent en avant sans cavalier en se mêlant aux derniers coureurs. »

Les métamorphoses de l'Indien

L'album de Debret se poursuit avec la présentation de types d'Indiens de tribus différentes. En bas à gauche, un Iuré, un Taboca, un Coretu, un Pape, un Coërana et un Iumana; en haut, à gauche, un représentant des Botocudos, qui «regardent comme une injure le nom de Botocudos qui leur fut donné par les Portugais, à cause de la ressemblance des plaques de bois qu'ils portent aux oreilles et à la lèvre inférieure avec la bonde d'un tonneau (botoque en portugais)».
En haut, à droite, Debret donne une interprétation fantaisiste des Indiens de la mission Saint-Joseph, «avec leurs demi-jupes toutes garnies de plumes». En bas, à droite, tels qu'il a pu les voir dans le Sud, il représente des Guaranis civilisés, cavaliers, musiciens, conservant de l'influence des Jésuites «des restes de connaissances industrielles».

Christianisés, habillés à l'européenne et malgré tout marginalisés, les Indiens finissent par perdre leur identité

En 1755, la politique du marquis de Pombal consiste à favoriser les mariages des Blancs avec des Indiennes. Il souhaite que ces alliances n'entraînent aucune «infamie» et que les descendants ne soient plus appelés caboclos ou autres noms injurieux. Cette décision contrecarre la tradition des Jésuites qui eux prônent les mariages entre Blancs et Noirs mais essaient de maintenir les Indiens dans leur cadre traditionnel. Ils n'auront bientôt plus voix au chapitre : Pombal, qui ne supporte aucun contre pouvoir dans l'Etat, les expulse définitivement de l'empire portugais en 1759.

Le 13 mai 1808, le prince régent dom João VI

“ Pendant ces démonstrations amicales si pleines d'intérêt, le naturaliste observateur se sent pénétré tout à coup, malgré sa philanthropie, d'un sentiment de tristesse à l'aspect de sa figure reproduite sur un être sauvage chez lequel la subtilité et la perfection des sens, devenus redoutables sous des formes apathiques mais farouches, rappellent à sa pensée un parallèle involontaire avec la bête féroce... ”

J.-B. Debret

déclarera encore la guerre aux féroces Botocudos, accusés d'anthropophagie. Tous les Indiens capturés resteront au service du chef de l'expédition pour une dizaine d'années. Désormais, c'est dans la forêt vierge qu'il faut aller pour rencontrer les dernières tribus sauvages. Vus d'Europe, les Indiens continuent de fasciner; vus du Brésil, ils ne sont que des marginaux dont les colons veulent à tout prix se démarquer.

L'Indien au cours du XIXe siècle : tout juste bon à servir de vacher aux éleveurs du Nordeste ou du Sud

Dès 1820, l'homme d'Etat José Bonifácio de Andrada e Silva s'insurge contre le sort réservé aux Indiens : «Nous ne devons pas ajouter au trafic honteux et inhumain des pauvres infortunés, fils de l'Afrique, le trafic plus horrible encore des Indiens malheureux dont nous avons usurpé les terres et qui sont libres.»

Alors que les Indiens disparaissent petit à petit de la scène nationale, ils s'imposent comme objet d'étude des savants : en 1823, l'Allemand Martius donne la première classification scientifique des Indiens brésiliens par rapport à leur origine, leur organisation sociale et leur langue. Simultanément, l'Indien va être érigé en symbole de la nationalité brésilienne – les noms indiens seront repris pour les titres de noblesse de l'Empire – tandis que l'indianisme fera fureur en littérature.

“ Les postes militaires font des battues dans les forêts, pour la sûreté des cultivateurs. Lorsque la patrouille rencontre des Sauvages, elle tire à coups de fusil, et à ce signal, tous les habitants d'alentour, munis d'armes à feu, se rassemblent pour la soutenir. ”

J.-B. Debret

A ce rythme d'extermination, il n'est pas étonnant que les vestiges des cultures indigènes soient devenus des objets de musée.

Les Indiens font de mauvais esclaves; incapables de s'adapter à la vie sédentaire, ils préfèrent la fuite ou la mort au travail. Pour développer le Brésil, les Portugais doivent importer massivement des Noirs achetés sur les côtes d'Afrique. Dès le XVIe siècle, dans des plantations coupées du monde, les maîtres, fortement minoritaires, se mêlent à la foule des esclaves noirs qui les servent.

CHAPITRE III

LES ESCLAVES À LA PEAU D'ÉBÈNE

Au XVIIIe siècle, la Manufacture des Gobelins lancera une série de tapisseries sur «les nouvelles Indes» où Desportes idéalise la figure de la Négresse du Brésil. La réalité ne fut pas toujours aussi souriante.

Le temps des négriers

A l'époque de la colonisation du Brésil, les Portugais ont déjà eu des contacts avec les Noirs qu'ils utilisent comme esclaves depuis la découverte du golfe de Guinée au XVe siècle. Les «pièces de Guinée» leur servent de «bras» dans la nouvelle colonie. Certains théologiens trouvent même dans la Bible la justification de l'esclavage des Noirs.

Salvador de Bahia et ses alentours comptent, au XVIe siècle, 15 000 âmes, dont 3 000 Blancs, 4 000 Noirs et 8 000 Indiens.

En 1554, le père Manuel da Nobrega l'expose dans son Dialogue sur la conversion des Gentils : «Ce destin leur vient de leurs ancêtres, parce que nous croyons qu'ils descendent de Cham, fils de Noé, qui a vu son père ivre dans une posture indécente; de là, viennent leur malédiction, leur nudité et leurs autres misères.»

“ La ville de Salvador est la maîtresse de la baie de Tous les Saints qui est la plus grande et la plus belle du monde non seulement par sa taille mais aussi par sa fertilité et la richesse des terres environnantes.”
Gabriel Soares de Sousa

La terre brésilienne est prodigue. A défaut d'or, les Portugais se résignent à y transplanter la canne à sucre de Madère. Ils ont besoin d'esclaves africains pour compléter, sinon suppléer, la main-d'œuvre indienne dans les grandes cultures sucrières. C'est ainsi que commence la traite des Noirs; elle devient systématique à partir de 1550.

Un demi-siècle après, Bahia, le port prospère du commerce négrier, compte déjà quatre mille esclaves. Très vite, ses habitants abandonnent le principe du commerce triangulaire avec passage par la métropole, pour établir un lien direct avec l'Afrique. Ils échangent leur tabac contre des esclaves. Durant trois siècles, la traite ne cesse de s'intensifier. La plupart des esclaves sont importés de Guinée, à tel point que, devenue une ville noire, Bahia est appelée la «Nouvelle Guinée».

« Bien que l'expression «moulin à sucre» désigne l'ensemble de l'édifice où se trouvent les ateliers et bâtiments nécessaires pour moudre la canne, cuire le sucre et le purger, toutefois, pris dans un sens plus restreint, (...) il veut dire «engin» à moudre la canne. »

Antonil
Culture et opulence du Brésil

Après le bois brésil, la canne à sucre sera la base de la richesse brésilienne.

Diverses vagues d'Africains se succèdent au Brésil; après les Guinéens, viendront les Soudanais et les Bantous

Au XVIe siècle, les Portugais préfèrent les Soudanais d'Afrique occidentale, grands, surtout éleveurs, assez rebelles. Puis, au XVIIe siècle, ils se tournent vers l'Afrique centrale et équatoriale, et importent des Bantous, plus petits que leurs prédécesseurs, animistes et sédentaires, donc plus soumis.

Au XVIIIe, c'est le tour des Minas d'Afrique occidentale. Les Africains sont entassés dans des «croque morts», des caravelles contenant jusqu'à cinq cents esclaves. La traversée dure de quatre à six semaines, dans des conditions d'insalubrité effrayantes : beaucoup meurent à bord, presque tous sont malades. A l'arrivée, les négriers les livrent à des commerçants qui soignent leurs «marchandises» avant de les mettre à prix. Pour cette première génération d'esclaves transplantés d'Afrique, le choc est tel que beaucoup meurent de mélancolie, le banzo. En moyenne, une fois au Brésil, ils ne vivent pas plus de huit ans!

Au total, entre le XVIe siècle et 1850, date de l'abolition officielle du trafic, trois millions et demi d'esclaves sont transplantés au Brésil

Et ce chiffre représente 38 pour cent des esclaves vendus dans toutes les colonies d'Amérique.
Le déplacement des sources de richesse détermine l'évolution du peuplement et simultanément la venue massive des Africains.

Jusque vers 1640, près de six cent mille captifs des marchés de la Guinée et de l'Angola sont

❝ Etre maître de moulin à sucre, c'est un titre auquel beaucoup aspirent car il entraîne avec lui le privilège d'être servi, obéi et respecté par beaucoup. Si le maître de moulin est, comme il doit l'être, possesseur de grands biens et bon admistrateur, c'est à juste raison que l'on peut, au Brésil, estimer sa condition dans la même mesure où, parmi les gentilshommes du Royaume, on estime les titres de noblesse. ❞

Antonil

absorbés par les plantations sucrières de Bahia et de Pernambouc. Au XVIIIe siècle, l'Angola en fournit plus d'un million pour le Minas Gerais (les Mines Générales). Avec l'exploitation de l'or et des diamants, le nombre des esclaves triple; le contingent angolais est complété par celui de la côte de Mina. A partir de 1820, la monoculture du café absorbe à son tour près d'un million trois cent cinquante mille esclaves venus de Mina, du Congo, de l'Angola et du Mozambique.

Dans les propriétés, les esclaves se partagent en deux groupes, ceux qui assurent les gros travaux (plantation et élevage) sous la vigilance du feitor, sorte de contre-maître, et ceux qui servent à l'intérieur de la maison du maître. En règle générale, les esclaves disposent d'un jour par semaine – souvent le samedi – pour cultiver leur propre lopin de terre. Ces travaux supplémentaires leur permettent parfois d'accumuler un petit pécule.

« Pour plus pénibles et forts que soient nos sentiments quand nous imaginons l'esclavage de loin, ils sont peu de chose près de la terrible vision d'un marché d'esclaves. »

Maria Graham, Journal d'un voyage au Brésil

Notre-Dame du Rosaire des Hommes Noirs

L'Eglise catholique joue un rôle déterminant dans la formation de la société coloniale. Les Portugais tiennent à baptiser les esclaves, qui souvent reçoivent le sacrement en Afrique avant même la traversée de l'océan. Les maîtres ont théoriquement le devoir, sous peine d'amendes, de favoriser le mariage chrétien de leurs esclaves puis de ne pas séparer les époux. Les Noirs sont tenus aux mêmes devoirs religieux que leurs maîtres et se confessent et communient au moins une fois l'an. Les confréries religieuses médiévales s'adaptent aux temps nouveaux. Au Portugal, les Dominicains accueillent les Maures et les Noirs (et même les Indiens) transplantés en métropole dans le tiers-ordre de Notre-Dame-du-Rosaire.

« Il n'y a pas de travail ni de genre de vie qui soit plus semblables à la Croix et à la Passion du Christ que les vôtres (...) Le Christ était nu et vous êtes aussi nus. Le Christ était en tout maltraité et vous êtes aussi maltraités en tout. Les fers, les prisons, les coups de fouet, les plaies, les noms ignominieux, de tout cela est faite votre imitation, qui, accompagnée par la patience, vous gagnera aussi les mérites du martyre. Lorsque vous servez vos maîtres, ne les servez point comme on sert des hommes, mais comme on sert Dieu; parce qu'alors vous ne servirez pas comme captifs mais comme hommes libres et vous n'obéirez pas comme esclaves mais comme des fils. »

Père Vieira

Au Brésil, les esclaves sont autorisés de la même façon à se réunir régulièrement. Ils s'occupent des malades et des vieillards. En tant qu'associations, les confréries ont le droit d'acquérir des biens et de s'adresser directement à l'évêque et même au roi. Moins audacieuses que leurs homologues portugaises, les confréries noires n'osent pas s'attaquer à l'institution de l'esclavage; pour la rendre moins cruelle, il leur arrive néanmoins de payer la rançon de libération d'un frère particulièrement malheureux.

Grâce à ces confréries, les Noirs réussissent partiellement à garder leurs traditions, et même à perpétuer dans leur hiérarchie interne l'ordre africain puisque les frères choisissent un roi, souvent appelé «roi du Congo». L'accès aux confréries est soumis à une cotisation annuelle, que l'esclave paie avec le revenu de travaux

« Certains Africains arrivent au Brésil très rudes et renfermés, et ils restent ainsi toute leur vie. D'autres, en quelques années, deviennent «faits au pays» et s'entendent aussi bien à apprendre leur catéchisme qu'à chercher le meilleur moyen de vivre, à être responsables d'une barque, à porter des commissions, et à s'acquitter de n'importe laquelle des tâches qui peuvent ordinairement se présenter. »

Antonil

supplémentaires – il arrive aussi que le maître s'en acquitte pour lui. Avec les fonds ainsi constitués, les Noirs construisent dans toutes les villes du Brésil des églises rivalisant de beauté avec celles des Blancs. Des mulâtres et même des Blancs sont acceptés parfois au sein de ces sociétés, mais les Noirs, esclaves ou libres, conservent les prérogatives administratives, car ils tiennent à contrôler cette institution, la seule qui leur appartienne en propre.

De même, face à la mort, les Noirs se sentent tous égaux. Une certaine sensibilité africaine se retrouve dans la ritualisation obsessionnelle de la mort, qui caractérise la piété baroque catholique à laquelle tous participent.

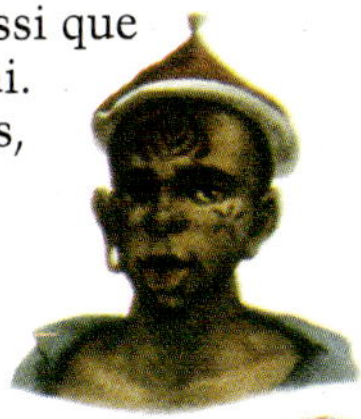

On distingue les diverses nations africaines d'après une série de caractéristiques. Ici, de gauche à droite, dans le cou de l'esclave du Mozambique, la peau plus claire avec ses tatouages bleutés indique qu'il vient de la côte. La négresse libre originaire du Congo est en vêtement de fête, tandis que celle d'Angola porte sa tenue de commerçante.

Quand un esclave du Mozambique venait à mourir, son cadavre était mis dans un hamac à côté du mur de l'église ou à la porte d'une boutique. Là, deux négresses en deuil, un cierge à la main, faisaient la quête pour l'inhumation. Si le défunt avait quelque bien et a fortiori s'il s'agissait d'un roi, le hamac était porté par deux hommes, accompagnés d'un maître de cérémonie et d'un tambour-major, et suivis par une foule qui battait des mains en chantant des lamentations et en agitant des palmes.

En 1630, le Brésil doit faire face aux conquérants hollandais

A cette époque, les Portugais, devenus les sujets du roi d'Espagne, voient en plus d'autres puissances rivales s'acharner sur leur territoire. A peine ont-ils chassé les Français qui ont récidivé dans leur tentative d'implantation brésilienne (cette fois-ci dans le Maranhão avec la «France équinoxiale») que les Hollandais entreprennent la conquête du Nordeste.

Au XVIIe siècle, la «Compagnie des Indes» de Hollande conquiert le Pernambouc sucrier et une vaste partie du Nordeste, avec ses troupeaux de bovins et ses plantations de manioc. Elle s'empare également de la province de Bahia pour son tabac tant convoité.

Malgré sa tolérance, et notamment son attitude favorable aux Juifs, le gouverneur Jean Maurice de Nassau ne peut se passer de l'institution de l'esclavage, même maquillée en servage. Et les Noirs se font rares : ils ont fui avec leurs maîtres luso-brésiliens ou se sont tout simplement réfugiés dans la forêt. En 1637, les Hollandais, qui manquent de bras pour les plantations, entreprennent donc la conquête de São Jorge de Mina en Afrique, principal port d'approvisionnement des Portugais.

Les sept capitaineries hollandaises connaissent alors leur phase la plus prospère, avec cent vingt moulins à sucre en fonctionnement. Après le départ de Nassau, dont la politique contrariait les intérêts strictement économiques de la Compagnie des Indes, la situation se dégrade.

Prince humaniste, Jean Maurice de Nassau règne sur le Nordeste de 1637 à 1644. Il s'entoure d'artistes, de chroniqueurs et d'hommes de science, qui révéleront à l'Europe les trésors de la nature brésilienne.

Les envahisseurs éveillent un sentiment national

Face aux Hollandais, la population tout entière prend conscience de son appartenance brésilienne, une notion nouvelle, distincte de la fidélité à la couronne portugaise.

Le chef indien Philippe Camarão

dirige une guérilla de résistance. Et surtout un Noir, Henrique Dias, s'illustre dans des batailles rangées, aux côtés des Indiens et des descendants des Portugais. D'après la tradition, en plein combat, Dias a une main blessée par une balle; il demande à un de ses soldats de la lui couper sur le champ : «Une main me suffira pour servir mon Dieu et mon Roi!». Plus tard, ce héros recevra, outre des rentes, le titre de «Maître de camp». Le bataillon de Noirs qu'il commande est appelé par le peuple bataillon des Henriques. Cette formation militaire et d'autres contingents noirs des armées coloniales lui survivront longtemps.

Un ex-voto du XVIIe siècle rappelle les batailles entre Hollandais et «Brésiliens», soutenus par le bataillon des Indiens de Filipe Camarão (en haut) et celui des Noirs conduit par Henrique Dias (en bas).

Un royaume africain en terre brésilienne : le «quilombo de Palmares»

L'exemple d'Henrique Dias est une exception. La plupart des esclaves sont des témoins apathiques des combats entre Portugais et Hollandais. Pourtant, à la faveur de cette guerre, las des traitements inhumains et des humiliations, certains Noirs fuient les plantations et vont se réfugier le plus loin possible dans les forêts. Ils arrivent même à créer des villages, des quilombos, où ils retrouvent une vie comparable à celle qu'ils avaient connue en Afrique.

L'un de ces quilombos est installé dans les palmeraies au pied des montagnes d'Alagoas, aux confins du Pernambouc, dans le Nordeste, d'où son nom de quilombo de Palmares. Peu à peu, cet Etat dans l'Etat prospère. Les anciens esclaves y accueillent des Indiens et des mulâtres avec lesquels ils vivent en bonne intelligence. Durant certaines périodes, ils pratiquent des échanges avec les Blancs de la région.

Palmares possède une structure sociale très efficace. Les Noirs se regroupent en divers «royaumes» selon leur langue d'origine, Congos, Angolas, Benguelas, Cabindas. Ils rétablissent les dynasties africaines ainsi que leurs us et

Les aquarelles de J.-B. Debret nous permettent d'imaginer ce que pouvaient être les mille et une activités des Quilombolas. Comme dans les marchés d'Afrique, ils échangeaient leurs produits et leur artisanat : fruits et légumes, volailles, vannerie, poterie, épices.

coutumes traditionnels : les chefs de village se réunissent périodiquement en conseil dans la grande case. Nagôs et Bantous construisent leurs maisons traditionnelles et chaque famille a la jouissance des terres environnantes qu'elle peut exploiter. On y plante des haricots noirs, des patates douces, du manioc,

de la canne à sucre, on y élève des poules et des porcs. Cette polyculture assure la monnaie d'échange avec les voisins. Chasse et pêche viennent compléter les besoins alimentaires. La population compte également de bons artisans, forgerons, potiers et vanniers.

« Les Noirs, qui commençaient à former une nation considérable et redoutée, se livrèrent à l'agriculture, et l'agriculture adoucit leur mœurs. (...) Ils étaient parvenus à un ordre de l'état social trop élevé pour vivre sans constitution; ils adoptèrent un gouvernement électif; leur chef, nommé Zombé, conservait sa dignité durant sa vie. (...) Les Palmarésiens établirent des magistrats; il est fâcheux qu'on ne nous ait point transmis leurs lois. On sait qu'ils adoptèrent une sorte de christianisme, probablement altéré, selon les superstitions de chaque tribu. »

Ferdinand Denis, Résumé de l'Histoire du Brésil

Ces communautés sporadiques et sauvages sont une menace pour les colons; il leur faut en venir à bout

Il faudra aux colons blancs plus de quinze expéditions pour anéantir ce rêve qui incarne l'espoir de tant de Noirs. Les quilombolas sont prêts à tout pour défendre leur liberté menacée. Pendant près d'un siècle, ils vont défendre leur royaume, contre les Hollandais d'abord, qui, à deux reprises dans les années 1640, essayent de les exterminer.

Comme il ose affronter les forêts de l'intérieur, le chasseur de Noirs est appelé capitão do mato, le capitaine de la brousse. C'est la terreur des esclaves. Coiffé d'un ample chapeau, accompagné de molosses, il va vendre ses services de propriété en propriété, pour rechercher les esclaves en fuite dont on lui donne le signalement.

Autour des dix-huit villages de Palmares, les Noirs ont construit près de cinq kilomètres de fortifications, et la résistance sera dirigée par le grand guerrier Zumbi, auquel le roi Ganga Zumba passera le pouvoir.

Les rebelles ont décidé d'arracher leurs frères à la servitude. Alors ils attaquent les plantations et fomentent des révoltes d'esclaves, puis disparaissent, cachés dans les recoins inabordables du sertão.

En 1671, lorsque les Portugais ont chassé les Hollandais, c'est le gouverneur Fernão de Sousa Coutinho qui organise une persécution inlassable des révoltés : «Voilà plusieurs années que, fuyant les rigueurs de l'esclavage et des travaux des moulins à sucre de cette capitainerie, des nègres de l'Angola ont formé des peuplades nombreuses, parmi des palmeraies et des forêts tellement inaccessibles qu'ils sont mieux fortifiés par la nature qu'ils pourraient l'être par leur art. Leur nombre grandissant chaque jour davantage, ils deviennent de plus en plus audacieux et par leurs vols et leurs agressions ils chassent une grande partie des habitants de cette capitainerie, qui se trouvent aux abords de leurs villages. Et leur exemple qui dure continue à attirer d'autres fuyards à se soustraire à la rude captivité qu'ils supportent.»

En 1694, c'est l'assaut final : de redoutables guerriers venus de São Paulo avec d'abondantes munitions, aidés par six cents Indiens, donnent le coup de grâce à Palmares assiégé. La plupart des Noirs préfèrent se suicider. Zumbi atteint par deux balles réussit à s'échapper. Mais, un an plus tard, il est dénoncé par un mulâtre et vendu aux Paulistes. Il sera sauvagement tué, et sa tête fichée sur une lance pour effrayer les derniers révoltés. C'est sur cette vision de la défaite du guerrier que l'on disait immortel que s'achève le rêve de Palmares.

Il arrivait que des esclaves en viennent à manger de la terre – seule façon pour eux de compenser le manque de sels minéraux. Les maîtres y voyaient une manière de se suicider, et leur faisaient porter un masque en tôle. De fait, les supplices étaient variés et il y eut même des cas de castration et de meurtres sadiques, mais les témoins s'accordaient à penser que les traitements infligés au Brésil étaient en règle générale moins cruels que dans les autres pays esclavagistes.

La revanche de Chica da Silva

Au milieu du XVIIIe siècle, le marquis de Pombal, ministre tout-puissant, nomme João Fernandes de Oliveira fermier des impôts du district de Tijuco.

Jamais l'extraction de l'or et des pierres précieuses n'a été aussi abondante. João Fernandes devient extrêmement riche. Il règne sur le District des diamants et a pour maîtresse Chica da Silva, une mulâtresse qui se fait remarquer par son goût du luxe le plus tapageur. Elle se rend à l'église couverte de bijoux et trône entourée de douze métisses resplendissantes. Les nobles portugais doivent se courber devant cette ancienne esclave pour obtenir des faveurs de João Fernandes. A son amant, elle demande de lui construire un véritable palais avec chapelle, théâtre, et même un jardin planté d'essences venues d'Europe. Elle va jusqu'à exiger un jour qu'il lui offre un vaisseau. João Fernandes fait donc creuser un étang et y mouille un petit navire. La tyrannie de celui qui devient le sujet le plus riche du royaume portugais est dénoncée à Pombal par ses espions. João Fernandes doit alors rentrer à Lisbonne pour payer un tribut à la couronne. Sa fortune ne s'en trouve pas altérée pour autant, mais on lui interdit de retourner à Tijuco où Chica da Silva va mourir dans la misère.

Cet épisode sera amplifié par la légende et confortera le mythe de la mulâtresse sensuelle, capricieuse, redoutable, qui possède un pouvoir de séduction diabolique.

L'éphémère revanche de Chica da Silva sur sa condition ne change rien à la vie de ses congénères. Mais le fait qu'elle ait pu jouer un rôle aussi considérable indique bien que d'autres femmes noires et mulâtresses comptent alors dans la vie des colons.

«Guerre sainte» des Maliens et révoltes des «crioulos» : le système colonial résiste à toutes les tentatives d'insurrection

Les esclaves maliens musulmans fomentent à Bahia des «guerres saintes» contre les infidèles. En 1835, ils sont des centaines à prendre les armes. Leur mouvement est écrasé en une nuit. Soixante-dix esclaves sont tués durant les combats et plus de cinq cents sont exécutés ou déportés.

Les crioulos, Noirs nés au Brésil, préfèrent la violence immédiate à l'exil dans les quilombos; ils tuent leurs maîtres ou mettent le feu au domaine. Dans certains cas, ils vont chercher la liberté dans les villes. En 1798, a lieu la première révolution sociale brésilienne, la révolte des tailleurs, ainsi appelée à cause de la profession de l'un des chefs, João de Deus. Le mouvement est étouffé dans ses débuts. Quatre mulâtres sont décapités puis leurs

“ Les jours de fête, les mulâtresses et les négresses, à peine couvertes d'une chemise de gaze ou de mousseline claire, éclatante de blancheur et de broderies, et parées d'un jupon de toile à grands ramages, se rendent à l'office à pieds nus. Elles ont sur la tête un mouchoir assez élégamment contourné en ruban. Plusieurs ont le col et les bras chargés de chaînes d'or et de reliquaires de la même matière. Toutes ont quelques amulettes suspendues sur leur sein. ”

L. F. de Tollenare, Notes dominicales prises pendant un voyage au Brésil

Dans cette confrérie de Notre-Dame-du-Rosaire, les Noirs ont désigné leur roi et leur reine qui président une quête.

têtes sont exposées dans la ville pour l'exemple. D'échec en échec, les Noirs sont-ils voués à demeurer indéfiniment dans leur condition d'esclaves? Auront-ils un jour un espace à eux sur ce territoire brésilien où ils ont été transplantés?

A Ouro Preto, la légende veut qu'au XVIIIe siècle, à l'époque faste des mines, un roi africain, Chico Rei, réduit en esclavage avec tous les siens, ait réussi à racheter les membres de sa tribu d'origine grâce à son travail et à la solidarité des affranchis qui se soumettent à son plan. Ils fondent une confrérie en l'honneur de sainte Iphigénie, la reine de Nubie, et construisent la remarquable église du Rosaire d'Ouro Preto.

En effet, une coutume ayant force de loi voulait que les esclaves soient affranchis s'ils pouvaient se racheter au prix où ils avaient été acquis ou bien au prix coûtant du moment. De fait, rien ne contraint les Blancs à respecter cette tradition. En revanche, il n'est pas inhabituel que les esclaves soient affranchis à la mort de leur maître selon une volonté testamentaire de celui-ci. Les bénéficiaires de cette grâce sont souvent les enfants naturels du défunt.

Il existe d'autres cas de libération, lors d'un mariage avec le maître ou la maîtresse, ou bien lorsqu'un esclave dénonce le trafic de pierres précieuses ou de bois brésil. De même, pour éviter la contrebande, la couronne portugaise affranchit tout esclave ayant trouvé un diamant de vingt

carats ou plus. Les crioulos, parce que nés au Brésil, sont autorisés, une fois libres, à posséder eux-mêmes des esclaves.

La femme noire, relais du métissage

Le «blanchissement social» concédé aux métis riches existe déjà à l'époque coloniale. Si un mulâtre miséreux peut être humilié comme un Noir, un autre plus fortuné possède aux yeux de la société d'alors «une âme blanche».

Les «mères noires», c'est ainsi qu'on appelle les nourrices, jouent un rôle affectif important dans la vie des Blancs qu'elles allaitent et qu'elles élèvent. Par ailleurs, la polygamie des maîtres – effective bien que non reconnue – précipite le métissage. Les mulâtres deviennent de plus en plus nombreux. Au début du XIXe siècle, ils représentent le cinquième de la population.

Les négresses nouvellement arrivées d'Afrique portent, comme leurs enfants, des robes blanches pour recevoir le baptême – chose rare, c'est un prêtre noir qui officie.

Les Noires... blanchisseuses

« Une famille riche a toujours ses négresses blanchisseuses, et la mocamba (femme de chambre) est chargée spécialement du repassage des pièces ornées de garnitures, ce qui l'occupe au moins deux jours par semaine. On voit tous les jours, grâce à la beauté de cet heureux climat, les négresses, réunies au bord du même ruisseau limpide, occupées à couler la lessive en plein air près de celles qui savonnent le linge, mais d'une manière infiniment économique, ne se servant pour cela que de végétaux savonneux, tels que la feuille de l'aloès.
Les blanchisseuses brésiliennes, du reste infiniment plus soigneuses que les nôtres, tiennent à honneur de renvoyer le linge non seulement bien repassé et arrangé avec ordre dans une corbeille, mais encore parfumé de fleurs odoriférantes, telles que la rose des quatre saisons, le jasmin, et la sponga. »

J.-B. Debret

Corvéable à merci

« En parcourant, au Brésil, le sol fertile de la province de Rio Grande du Sud, souvent entrecoupée de lacs et de fleuves, on rencontre le Rio das Pelotas (rivière des Pelotes), nom emprunté d'une espèce de nacelle improvisée, faite avec un cuir de bœuf, et dont on se sert effectivement pour traverser cette même rivière pendant ses fréquents débordements. (...) Toutes ces embarcations, plus ou moins submersibles, se font remorquer par un nageur. »

J.-B. Debret

A la fin du XVIIIe siècle, les descendants des Portugais, «fils de la terre», dominent un vaste territoire aux richesses multiples. Depuis plusieurs décennies, ces élites manifestent le désir de se couper de la métropole qui leur «suce le sang». Un événement va précipiter la naissance de la nation brésilienne : fuyant les armées napoléoniennes, le prince régent du Portugal s'installe à Rio de Janeiro.

CHAPITRE IV

UN EMPIRE SOUS LES TROPIQUES

Les voyageurs étrangers rendent compte de scènes cocasses et observent une société bien exotique à leurs yeux. Les savants vont répertorier les richesses inexplorées de la flore et de la faune brésiliennes.

En effet, lorsque les armées de Junot franchissent les Pyrénées, traversent l'Espagne et menacent le Portugal, le prince régent dom João VI décide de transférer la capitale de son empire à Rio de Janeiro. Il s'y installe en 1808, avec les 15 000 personnes qui forment sa cour et son gouvernement. L'ancien vice-roi, le comte dos Arcos, fait partie du ministère, avec le comte da Borca et le comte de Linhares, brillant ministre des Affaires étrangères.

Les Anglais le poussent à ouvrir les ports aux «nations amies». Tout d'un coup, ce territoire jalousement isolé par les Portugais est exposé au regard des autres Européens. Rio devient une ville ouverte. Naturalistes, géologues, missionnaires,

❝ Le couvent de Saint-Antoine est situé sur l'une des nombreuses collines que Rio de Janeiro enferme dans son enceinte et qui en font l'une des villes du monde les plus riches en perspectives délicieuses. On voit à gauche la chapelle Royale qui se détache en blanc sur un fond nébuleux et en face, la rue Saint-Joseph qui mène auprès du Palais du roi et plus loin, une partie du mouillage où sont ancrés les vaisseaux."

Nicolas Taunay

commerçants, artistes explorent ces contrées demeurées presque aussi mystérieuses qu'au XVIe siècle.

Le port très provincial de Rio de Janeiro est métamorphosé par le transfert des structures administratives de la métropole : le Conseil d'Etat, le Conseil des finances, l'Intendance générale de la police, la Cour souveraine de justice et de grâce, entre autres, sans oublier les institutions militaires et la banque royale créée en 1809. Le commerce s'intensifie, la sidérurgie et l'industrie font leur apparition. Par-delà l'exotisme, c'est une nation originale qui se crée.

«L'indépendance ou la mort!»

La présence de la famille royale transforme l'évolution politique de la colonie où les mouvements de rébellion vis-à-vis de la métropole revenaient périodiquement, aussi bien à Rio de Janeiro qu'à Bahia et dans le Pernambouc. La Conjuration minière de 1789 s'était soldée par la pendaison de son chef charismatique, Tiradentes. Mais c'est le prince dom Pedro lui-même qui, resté au Brésil après le retour de son père au Portugal, lance le 7 septembre 1822 le cri historique : «L'indépendance ou la mort!» Le 1er décembre, dom Pedro Ier est couronné empereur constitutionnel du Brésil.

A ce mouvement d'émancipation correspond une vie culturelle nouvelle. Les premières facultés de droit et de médecine sont créées ainsi qu'une imprimerie et une bibliothèque royales. Et surtout une mission artistique française met sur pied une Académie des beaux-arts. Parmi ses membres, des artistes de talent, l'architecte Grandjean de Montigny, les peintres Nicolas Taunay et Jean-Baptiste Debret – à la fois peintre d'histoire et témoin, dans ses aquarelles, de la vie quotidienne –, vont infléchir l'évolution des arts du XIXe siècle.

La vie quotidienne

Dans le Brésil colonial coupé du monde, les Portugais et leurs descendants considéraient le travail manuel comme infamant. En ville, la vie s'écoulait à un rythme nonchalant, alors que les contremaîtres métis assuraient le contrôle des plantations. Cet état d'esprit était traditionnellement renforcé par l'interdiction royale de fabriquer des produits manufacturés sur place.

Le sous-lieutenant des Dragons Joaquim José da Silva Xavier avait été surnommé Tiradentes, l'arracheur de dents, parce que, parmi ses mille métiers, il exerçait des fonctions de dentiste. Imbu de la philosophie des Lumières, il organisa une conjuration contre le Portugal en 1789. Après un long procès, Tiradentes fut pendu le 21 avril 1792, tandis que ses complices étaient exilés ou dégradés.

Les Blancs connaissaient une vie quasi féodale; imbus de leur supériorité, ils conservaient la mainmise sur les grandes propriétés et dirigeaient la vie politique. La conscience aristocratique des anciennes familles est forte dans le Nord comme dans le Sud, mais les rapports humains paraissaient plus souples dans le Nordeste.

A la campagne, dans les moulins à sucre, puis dans les fazendas de café, la femme était enfermée avec sa domesticité. Quand elle sortait, elle abandonnait sa tenue lâche et légère d'intérieur (négligée, diront certains voyageurs) pour des toilettes très colorées et ornées, des bijoux, des coiffures monumentales et de riches éventails.

Dom Pedro Ier, qui proclame l'indépendance du Brésil, n'en reste pas moins, aux yeux de ses sujets, un Portugais. Ils le forcent à abdiquer en 1831, en faveur de son fils, alors âgé de cinq ans.

Le café est cultivé à Rio à partir de 1761. La «vague verte» des plantations fait la richesse de la région jusqu'en 1870, puis celle de São Paulo entre 1900 et 1930.

Vivat !

Le 12 octobre 1822, au Campo de Santana de Rio, a lieu l'acclamation de dom Pedro Ier, «défenseur perpétuel et empereur constitutionnel du Brésil». La scène peinte par Debret montre le président du Sénat acclamant l'empereur : le peuple répond par une ovation, suivie d'une salve de la garde. A droite de dom Pedro Ier, se tient son épouse, dona Leopoldina, princesse royale archiduchesse d'Autriche (que l'on voit également ci-dessus, dans sa tenue du sacre), et au second plan, la princesse dona Maria da Gloria. L'artisan de l'Indépendance brésilienne accepte publiquement le titre impérial, et sera couronné le 1er décembre.

En ville, les prostituées, les «Vénus noires», vendent leurs charmes (ci-dessus), tandis que les femmes «comme il faut» vont en chaise à porteur.

“ La caderinha représentée ici est celle d'une personne riche et de bon ton qui se fait porter par ses esclaves en livrée. (...) Elle tient ses rideaux fermés, mais se ménage la possibilité de se faire voir, en entr'ouvrant celui qu'elle tient assujetti avec sa main. ”

J.-B. Debret

La rue et la maison

« Une mère de famille, d'une médiocre fortune, dans son intérieur (...). La femme de chambre, négresse, travaille, assise par terre aux pieds de madame (...). A sa droite, une autre esclave est également occupée à un travail d'aiguille. Du même côté s'avance le molèque apportant l'énorme verre d'eau. »

« La pendaison solennelle du Judas, le samedi saint. Pieuse justice dont on fait le motif d'un feu d'artifice qui met en mouvement toute la population, joyeuse de voir les lambeaux enflammés de cet apôtre pervers. »

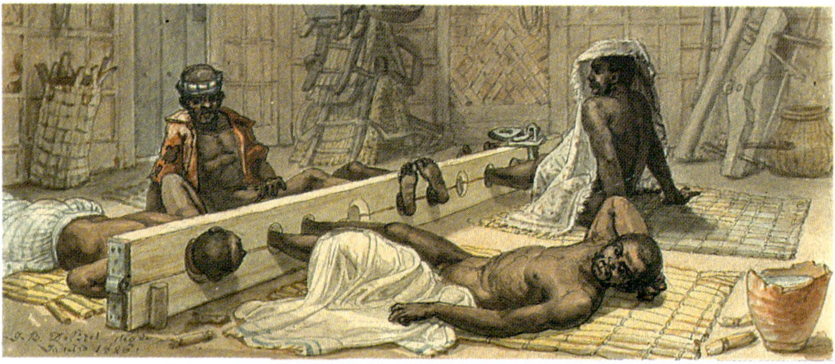

Au XIXe siècle, c'est sur le système esclavagiste que repose toujours l'économie brésilienne.

En ville, il existe une catégorie d'esclaves assez particulière, les esclaves de rente, porteurs, marchands ambulants, artisans, maréchaux-ferrants, charpentiers, peintres, sculpteurs... Ils sont payés pour les services rendus et, chaque semaine, donnent à leur maître une somme convenue tout en gardant l'excédent. Ils vivent dans la rue, relativement libres de leurs mouvements, et se sentent souvent plus heureux que les esclaves des plantations.

Et pourtant, les maîtres, comme leurs femmes, corrigent leurs esclaves avec la férule, punissent les voleurs en leur imposant un masque en tôle ou une pancarte dans le dos donnant la liste des larcins. Les peines publiques ont valeur d'exemple; les victimes sont attachées au pilori, fouettées, puis leurs plaies sont salées.

La religion continue plus que jamais à être l'un des facteurs d'intégration des Noirs dans la société brésilienne. A Rio, quelques églises sont desservies par des «prêtres nègres», ce qui est un grand progrès dans les institutions ecclésiastiques, qui avaient refusé l'ordination des Noirs et des mulâtres jusqu'à la fin du XVIIIe siècle. Lorsque deux Noirs se croisent, ils se saluent en se souhaitant de devenir blancs, c'est-à-dire riches : «Deus te faça branco!». De même, quand un Noir se distingue pour ses qualités, on dit de lui : «c'est un noir à l'âme blanche».

« Le tronco est un antique instrument de gêne, formé de deux pièces de bois, assemblées à l'une de leurs extrémités par une charnière de fer et jointes à l'autre par un moraillon à cadenas, fermeture dont le contremaître conserve la clef. »

J.-B. Debret

Dans les fazendas, des familles de douze à quinze personnes employaient jusqu'à deux cents esclaves noirs. Les tâches étaient distribuées tous les matins par le feitor, au rythme des plantations. A droite, après la récolte, on prépare le manioc, base de l'alimentation traditionnelle.

Les ambiguïtés de la «loi dorée»

Des dizaines de Sociétés pour l'abolition s'emploient à racheter des esclaves. En signe de liberté, les nouveaux affranchis portent des chaussures.

Le trafic n'est officiellement aboli qu'en 1850 car, même si l'institution commence à être remise en cause au début du XIXe siècle, l'expansion de la culture du café la renforce. Les planteurs ont trop besoin de bras. Des mesures sont progressivement prises. Tout d'abord, la loi décrète que les enfants d'esclaves naissent libres (loi du Ventre libre) puis vient la loi de libération des Sexagénaires.

Finalement, le 13 mai 1888, la princesse impériale dona Isabel, régente, proclame la loi de l'abolition définitive de l'esclavage, la «loi dorée». A l'annonce de la grande nouvelle, Noirs et métis, des plus révoltés aux plus intégrés, laissent éclater leur joie. Ceux qui étaient venus d'Afrique croient qu'ils retrouveront le «paradis perdu». Durant plusieurs jours et plusieurs nuits, les tambours expriment la joie débordante de ces hommes enfin libres.

Bien des esprits éclairés ou généreux se réjouissent également de voir le pays délivré des «stigmates de l'esclavage». Mais beaucoup d'anciens maîtres profitent de cette mesure pour se débarrasser de familles dont le

« Suivant l'usage de ses ancêtres, on trouve la maîtresse de maison exclusivement occupée de la surveillance et de l'entretien de sa nombreuse famille, ordinairement composée de douze à quatorze enfants, et souvent plus... Au pied de son canapé, ses filles, ses négresses femmes de chambre et toute la maisonnée. »

J.-B. Debret

travail est devenu peu rentable. En particulier, dans le Nordeste en pleine crise de la canne à sucre, les nouveaux affranchis n'ont pas les moyens d'assumer leur «liberté». S'ils obtiennent un lopin de terre, ils végètent, sinon ils rejoignent d'autres exclus dans les villes où ils survivent grâce à des expédients.

Désormais, les Noirs errent sans vraie place dans la société. Ils ne participeront que de façon marginale à la révolution urbaine et industrielle à laquelle ils ne sont pas préparés. Depuis un siècle, les problèmes posés par une abolition tardive et irresponsable sont loin d'être résolus.

Le phénomène de croisement des hommes et des cultures s'accélère soudainement

La société brésilienne a intégré depuis longtemps des minorités. Ainsi les Gitans, marchands

« Derrière la maîtresse de la maison une de ses jeunes esclaves, chargée de l'ennuyeux emploi de chasser les mouches en agitant deux branches d'arbre qu'elle tient à la main, offre ici à l'Européen l'exemple d'un surcroît de malheur à sa captivité, dans le spectacle affligeant du masque de fer-blanc dont le visage de cette victime est enveloppé; sinistre indice de la résolution qu'elle avait prise de se faire mourir, en mangeant de la terre. »

J.-B. Debret

d'esclaves et de chevaux, et les Juifs, devenus «chrétiens nouveaux» jouent un rôle déterminant dans l'économie. Les meilleures familles ont «un pied dans la cuisine», image qui rappelle la prédilection des maîtres pour leurs esclaves noires. Les «fils de la terre» sont presque toujours métissés et les voyageurs étrangers notent que les mulâtres sont particulièrement adaptés à la vie brésilienne. «Le Brésil est un enfer pour les nègres, un purgatoire pour les blancs et un paradis pour les mulâtres», avait déjà écrit Antonil au XVIIe siècle.

Représentatif de l'art baroque brésilien, ce saint Georges est l'œuvre d'un sculpteur mulâtre; en effet, les artistes portugais des premiers temps avaient été relayés par des mulâtres, sculpteurs, peintres, architectes, musiciens.

Riches et pauvres sous le regard de Dieu

La précarité de la vie humaine à la merci de la lèpre, de la tuberculose, des épidémies, et la peur de la «mauvaise mort» poussent les fidèles à faire des vœux. Les plus riches n'hésitent pas à créer des fondations pour que soient dites des messes pour le repos de leur âme. De là, une multitude de constructions religieuses, d'églises, d'oratoires et de couvents.

La piété baroque s'exprime par des dévotions voyantes, des processions, des vœux surprenants – femmes libres parcourant humblement les rues nu-pieds pour faire la quête pour une messe, membres de confréries demandant l'aumône pour les âmes du purgatoire, frères mendiants ou pénitents faisant vénérer les reliques.

Le faste des enterrements des Blancs frappe les imaginations. Les convois funèbres ne sortent qu'à la tombée de la nuit, mais ils sont annoncés à partir de midi par le glas. Des confréries les accompagnent. Les corps sont solennellement ensevelis dans des églises.

Au sein de la religion officielle, nègres et mulâtres ont leurs dévotions propres : Notre-Dame de la Merci (celle de la délivrance des captifs), Notre-Dame de la Purification ou saint Benedito. Ce qui ne les empêche pas d'honorer les divinités africaines sous le couvert de certains saints catholiques. Saint Georges, qui écrase le dragon, est un bon exemple de ce syncrétisme puisqu'il est assimilé à Oxossi, le jeune guerrier vierge.

Les métis sont-ils des dégénérés ?

Pour Paulo de Brito, en 1815, «les mulâtres sont remarquablement habiles et vifs, qualités généralement inhérentes à leur caste, du fait du croisement de races dont ils procèdent». Mais un grand débat sur la légitimité de «l'aristocratie de la peau» s'instaure, marqué par les théories racistes du Français Gobineau, diplomate en poste à Rio. Avec le racisme rationaliste du XIXe, on assiste à une forme de régression, les métis étant classés dans la catégorie des «produits hybrides» et les mulâtres étant considérés «aussi vicieux de sang que d'esprit». Pour ce courant de pensée, l'origine biologique du métis conditionnerait sa psychologie: il aurait tous les travers des races dont il est issu sans aucune de leurs qualités. Et pourtant, le miracle se produit. Malgré un taux d'analphabétisme impressionnant, malgré le gigantisme du territoire, le peuple brésilien réussit à constituer tout au long du XIXe siècle une nation parlant une même langue et sensible à un destin commun.

“ La mulâtresse représentée ici est de la classe des artisans aisés. Sa petite-fille ouvre la marche, conduisant par la main le petit négrillon, son souffre-douleur, et destiné comme tel à son service particulier; vient ensuite la pesante mulâtresse, en jolie tenue de voyage, qui se rend à pied dans une maison de campagne; sa négresse, femme de chambre, la suit et porte l'oiseau chéri. Elle est immédiatement suivie des négresses travailleuses. ”

J.-B. Debret

Une décision politique va bouleverser l'évolution du Brésil. Au début du XIXe siècle, dom João VI, puis les empereurs dom Pedro Ier et dom Pedro II, préoccupés par les grands déserts humains de leur royaume, cherchent à inciter des pionniers européens à venir peupler le Sud. Aux Allemands et aux Suisses des colonies agricoles du début, se joindront bientôt les immigrés italiens, syriens, libanais, japonais...

CHAPITRE V

LE BLANCHISSEMENT DE LA RACE

Dans les années 1890, trois frères (à gauche) venus d'Italie sont fiers d'avoir prospéré dans le petit commerce. Ils précédaient des immigrants d'autres nations, tels ces Japonais qui débarquent à São Paulo en 1907.

Depuis trois siècles de colonisation, plusieurs cultures se sont déjà interpénétrées. En particulier, les Espagnols qui s'était installés dans la pampa ont marqué de leur influence le Sud jusqu'à São Paulo.

A partir de l'ouverture des ports, des immigrés de toute l'Europe commencent à débarquer

Dom João VI fait la première expérience officielle d'immigration agricole : il fonde, en 1818, une colonie de deux mille Suisses à Nova Friburgo. Le gouvernement royal exige que les immigrants soient catholiques; il leur octroie des terrains, des graines, des animaux, des vivres et de l'argent. Tous

Qu'ils partent de Naples, de Gênes ou de Trieste, les volontaires pour l'Amérique embarquent dans ce qu'ils appellent «i nacelli della morte», les navires de la mort. La périlleuse traversée de l'Atlantique pouvait durer plusieurs semaines!

les Européens, même méridionaux, sont accueillis, de préférence aux Chinois, car les responsables politiques veulent «blanchir la race». En 1824, sous dom Pedro Ier, c'est au tour de mille Allemands de s'établir dans les mêmes conditions à São Leopoldo.

> « Su, bravi,
> o signorini, gettate gli ombrellini : gettate i vostri guanti;
> lavoratevi i campi,
> noi andiamo in America. »
>
> Refrain populaire

Le temps des esclaves blancs

Alors que le volume des immigrants commençait à diminuer du fait de troubles politiques, la fin du trafic négrier en 1850, et plus encore en 1888 l'abolition de l'esclavage, donnent un nouveau souffle

Des agences consulaires italiennes s'ouvrent dans toutes les villes (ici, celle de Nova Veneza). Elles contrôlent le prosélytisme des Sociétés d'immigration dirigées par les planteurs, qui s'exprimait par des annonces.

au flux d'émigration européenne, soutenu par le gouvernement fédéral et par celui des Etats. Des Sociétés d'immigration organisent les voyages et les placements de cette main-d'œuvre étrangère.

L'année 1888 sera connue comme «l'année de la grande immigration» car la fin de l'esclavage au Brésil correspond à l'année noire de l'économie italienne. Pour ne pas mourir de faim, des familles entières de Vénitiens et de Piémontais partent, principalement vers São Paulo, pour «faire l'Amérique» dans les grandes fazendas de café.

Après l'épreuve de la traversée, ils connaissent l'humiliation des douanes et de la Maison des immigrés. Ils séjournent dans ce «marché de main-d'œuvre» avant d'être embrigadés par quelque planteur. Arrivés à la campagne, ils ont souvent à faire à des feitores qui veulent les traiter comme des esclaves blancs, mais ils se rebellent et savent défendre leurs droits. En 1902, le gouvernement italien reçoit tellement de plaintes qu'il supprime les subventions à l'émigration.

« Tout passager de 3e classe, agriculteur, artisan ou journalier, qui débarquera au port de Santos et qui voudra s'établir dans l'intérieur de l'Etat de São Paulo, a le droit à un billet de chemin de fer gratuit, pour lui, pour sa famille et ses bagages. Il pourra être hébergé gratuitement pendant six jours (s'il le désire), durant lesquels on s'occupera de son placement en accord avec sa profession si par hasard il n'a pas de destination prévue. »

L'empire du Brésil devient république en 1889; le nouveau régime continue d'encourager la venue d'étrangers

Parmi les 3 390 000 immigrants arrivés au Brésil entre 1871 et 1920, plus de 1 373 000 sont Italiens! Ils sont suivis en nombre par les Allemands. Espagnols, Belges, Anglais, Français, Suédois et Autrichiens représentent des contingents variés.

Des habitants du Moyen-Orient, baptisés indistinctement «Turcs» du fait de leur passeport ottoman, débarquent à la fin du siècle, précédant de peu les Japonais dont le premier arrivage a lieu en 1908 – alors qu'ils sont interdits aux Etats-Unis.

Tout ne va pas sans difficultés. Vers 1830, une colonie d'Allemands est décimée par des Noirs dans le Pernambouc. Plus tard, des Russes blancs constituent des groupes résistant à l'assimilation. Mais les seules réactions xénophobes d'importance contre les Italiens, les Allemands et les Japonais se manifesteront durant les deux guerres mondiales.

Plus généralement, les étrangers impriment peu à peu leur marque dans leur pays d'adoption, modifiant, entre autres, les habitudes culinaires : ainsi le manioc et le maïs traditionnels vont être supplantés par la farine de blé.

En 1816, un Italien, Messeri, fait passer dans la Gazeta do Rio de Janeiro une annonce vantant les mérites de sa boulangerie de luxe où les pains français, italiens ou espagnols sont «pétris par un appareil nouvellement inventé, sans la main-d'œuvre des Noirs qui infectent la pâte avec la sueur qu'ils sécrètent en travaillant»... Les préjugés des nouveaux immigrés par rapport aux Noirs

“ Le Royaume est fini. Le règne de ces gens sans espérance n'est pas de cette terre. L'autre monde, c'est l'Amérique. L'Amérique a, pour ces paysans, une double nature. C'est une terre où l'on part pour travailler, où l'on sue sang et eau, où peu d'argent est mis de côté au prix de sacrifices et de privations (...) mais en même temps, et sans contradictions, c'est le paradis, la terre promise du Royaume.”

Carlo Lévi,
le Christ s'est arrêté à Eboli

s'expriment ouvertement, et le fait que ce type d'annonce soit publiée signifie bien qu'elle ne choquait pas outre mesure.

Les nouveaux venus vont faire des économies, acheter un petit domaine, puis y construire une maison, enfin fonder un commerce en élargissant leur famille. Chaque nation apporte sa contribution. Les Européens du Nord et les Nord-Américains viennent avec leurs techniques et leurs capitaux, les Latins et les Slaves apportent surtout leurs traditions agricoles et artisanales. Les Japonais cultivent le thé, le riz, développent l'horticulture et excellent dans les travaux de précision.

São Paulo, ville italienne

La majorité des Italiens venant des petites villes du Mezzogiorno préfèrent s'installer en ville plutôt qu'à la campagne. Bien des paysans suivent leur exemple, la terre étant devenue à leurs yeux synonyme de misère. A São Paulo, les Vénitiens ont leur quartier, les Napolitains le leur. Un peu partout on parle l'italien, on publie des journaux en italien. Près de cent quarante à São Paulo entre 1882 et 1914! Les Italiens de São Paulo et leurs enfants, les Italo-paulistes, y assurent tous les petits métiers : crieurs de journaux, cireurs de chaussures, revendeurs de bouteilles, poissonniers ambulants, colporteurs, vendeurs de billets de loterie, tailleurs, cordonniers. Mais surtout ils vont s'investir dans le début de l'industrialisation de la ville, devenant les premiers mécaniciens, chauffeurs, entrepreneurs : ce sont les capomastri qui construisent les premiers grands immeubles.

Ils se rendent indispensables à l'économie du pays et, pour certains, construisent d'immenses fortunes. Ainsi, le Calabrais Francesco Matarazzo crée à São Paulo le plus grand complexe industriel de l'Amérique du Sud. Parallèlement à cet enrichissement général, les idées anarchistes connaissent une grande popularité; certains militants fondent des communautés utopiques, dont la plus célèbre est la «colonie Cécilia», mais ces tentatives échouent.

Les étrangers servent de main-d'œuvre dans l'industrie naissante. Ils bâtissent la ville de São Paulo dont on voit à gauche les premiers gratte-ciel et la cathédrale en construction. C'est là qu'en 1900, Francesco Matarazzo fonde un moulin à farine avec des machines venues de Liverpool et embauche soixante-dix ouvriers... Il sera bientôt à la tête d'un empire industriel.

Dès la seconde génération, les immigrés italiens se sentent brésiliens; en 1927, plus de 60 pour cent des jeunes se marient avec des Brésiliens. Ils réussissent ainsi à vaincre les préjugés qui ne manquaient pas à leur arrivée.

Dans les années 1920, les immigrants sont si nombreux que certains Brésiliens craignent pour l'équilibre de leur pays

Pourtant le pays va réussir à intégrer les apports culturels les plus divers, et le gouvernement nationaliste des années 1930 précipite le phénomène en obligeant les immigrés à alphabétiser leurs enfants non plus dans leur langue d'origine mais en portugais (1937). D'ailleurs, pour maintenir l'unité linguistique et culturelle du pays, les autorités brésiliennes continuent à favoriser l'immigration portugaise.

Toutes ces couches d'immigrés ont néanmoins accentué le déséquilibre entre le Nord aride, de stratification ethnique plus ancienne et d'économie plus archaïque, et le Sud, fortement marqué par la greffe européenne et par un développement industriel et urbain plus dynamique. En effet, les nouveaux arrivants, délaissant les régions difficiles, se sont concentrés dans les Etats du Sud (São Paulo, Paraná, Santa Catarina et Rio Grande do Sul) dont le climat tempéré est plus proche des conditions climatiques européennes.

Le brassage dans cette terre d'accueil est d'autant plus visible qu'il est soutenu par une vertigineuse croissance de la population. En 1800, le Brésil ne comptait que 3,6 millions d'habitants; en 1900, il atteignait les 18 millions; aujourd'hui, il a dépassé les 135 millions. Ce qui le place au sixième rang mondial pour un territoire qui est le cinquième au monde.

« Il s'est adapté.
Il a travaillé.
Il s'est intégré.
Il a prospéré. »
António de Alcântara Machado

En définitive, le métissage brésilien n'est nullement homogène. L'Indien a laissé sa marque indélébile dans les populations de l'Amazonie et d'une partie du Nordeste, le Noir prédomine dans la région de Bahia et de Minas Gerais, et le Sud est pétri par la présence européenne.

Vive l'anthropophagie !

Comme les Tupis, qui croyaient intégrer la valeur de leurs ennemis en les dévorant et en les digérant, les Brésiliens ont su incorporer des cultures et des groupes humains divers pour créer une société contrastée et conviviale. La «fusion épique des races» au Brésil continue à s'approfondir avec ses mille variantes. Mais les dés sont jetés car une loi récente restreint très nettement l'entrée des nouveaux immigrants.

L'auteur de cette allégorie du melting pot de São Paulo est un des «modernistes» qui, en 1922, réclament l'indépendance culturelle du Brésil. «Anthropophages», ils savent que le peuple brésilien peut absorber et transformer les apports des immigrés les plus divers.

TÉMOIGNAGES ET DOCUMENTS

Le Brésil
sous le regard de l'Europe,
le sort
des Indiens et des Noirs,
le triomphe du métissage.

Jean-Baptiste Debret, un peintre-philosophe sous les Tropiques

Le séjour brésilien de Jean-Baptiste Debret va provoquer une métamorphose dans sa vision du monde et dans sa création artistique. Arrivé à Rio pour transmettre la leçon du néo-classicisme davidien et pour immortaliser les fastes d'un empire naissant, il se prend de passion pour une société multiple, colorée et surprenante dont il rend compte avec un scrupule qui n'exclut ni la tendresse ni le sourire.

Le 26 mars 1816, la corvette américaine le *Calpe* franchit le cap Frie et rentre dans la baie de Rio de Janeiro. Un brouillard de chaleur se lève, les collines se détachent. Des artistes français venus aux antipodes pour y fonder une académie des beaux-arts s'amassent sur le pont. Ils distinguent le Pain de sucre, que leurs prédécesseurs normands appelaient, au XVIe siècle, le Pot de beurre...

Un peu à l'écart, un homme au visage dur, approchant de la cinquantaine, s'est levé de son siège, a pris son carnet et son crayon, puis s'est mis à dessiner le géant couché que forment ces mornes qui se chevauchent à l'horizon. Ses compagnons se demandent si Jean-Baptiste Debret, le peintre d'histoire, va sortir de l'état d'apathie dans lequel l'a plongé un double malheur, la mort en 1815 de son fils unique âgé de dix-neuf ans et la chute de l'Empereur. Louis David, son cousin et son maître, l'a poussé à se joindre à la mission artistique. Il s'est donc résolu à quitter la France.

La formation

Le choc de cette vue de Rio va-t-il réveiller son « vaste appétit » d'enfant « amateur de cartes et d'estampes » ? En effet, que d'heures il a passées autrefois dans la bibliothèque de géographie et dans le cabinet d'histoire naturelle de son père, Jacques Debret, greffier au Parlement, à rêver de ce monde nouveau que décrivait avec fantaisie l'abbé Raynal. Il est non seulement le cousin de David, et le petit-neveu de François Boucher mais encore, il appartient à un milieu parisien cultivé et artiste. Après des études secondaires au lycée Louis-le-Grand il succède à Gérard comme professeur de dessin à l'Ecole d'ingénieurs des ponts et chaussées avant d'enseigner à Polytechnique. En 1786, il épouse Elisabeth-Sophie Desmaisons, fille du célèbre architecte.

Peu avant l'année 1785, Debret séjourne à Rome avec David, qui l'initie à la doctrine néo-classique. Il aurait aidé le maître pour son *Serment des Horaces*, qui allait devenir le symbole même du style pompier. Il aurait à cette époque commencé à faire des copies de toiles de maître. Puis il entre à l'Ecole des beaux-arts. Ses études s'inscrivent dans la phase troublée de la Révolution, ce qui ne l'empêche pas d'obtenir un deuxième prix au concours de Rome en 1791 pour *Régulus retournant à Carthage*, aujourd'hui propriété de la mairie de Montblanc ; puis un prix d'encouragement au Salon de 1798 avec une toile aux figures de taille naturelle : *Arismène, général des Messéniens, délivré par une jeune fille*. Il cultivera assez longtemps le retour à l'antique. *Le Médecin Erasistrate découvrant la cause de la maladie du jeune Antiochus* date de 1804, et *Andromède délivrée par Persée* de 1814, époque où le genre était passé de mode. Il décore les hôtels particuliers de la Chaussée d'Antin, que construisent ses amis Percier et Fontaine.

Debret racontera à ses disciples brésiliens l'exaltation de ses sentiments révolutionnaires lors de la décapitation de Louis XVI. Puis il s'engage sans réserve au service de l'Empereur – dont il avait déjà décoré la demeure de tableaux d'inspiration historique. Les Galeries de Versailles exhibent encore *Napoléon rend honneur au courage malheureux* (1806), *Napoléon à Tilsitt* (1808), *Napoléon harangue les troupes bavaroises et wurtembergeoises à Abensberg* (1810), *Premières distributions des croix de la Légion d'honneur dans l'église des Invalides* (1812) et *Entrevue de Napoléon et du prince primat à Aschaffenbourg* (1812).

La mission (1816-1831)

Quel paradoxe ! Le souverain portugais, qui a fui Lisbonne pour le Brésil à cause des invasions napoléoniennes, fait venir dans la nouvelle capitale de son empire des artistes bonapartistes ! Maintenant, Debret est appelé à concevoir la mise en scène d'une nation « encore dans l'enfance » : il peint les portraits officiels, les scènes solennelles, il conçoit les insignes nationaux, les décors pour le Théâtre royal de São João, les arcs de triomphe pour les fêtes de la cour, en particulier pour l'acclamation du roi dom João VI. Il devient le premier peintre de la famille impériale.

Les déboires des artistes français Lebreton, Grandjean de Montigny, les Taunay, sont bien connus. Ils avaient été contactés par le marquis de Marialva, lui-même conseillé à Paris par le grand Humboldt. Peu de temps après leur arrivée leur protecteur, le comte da Barca, vient à mourir. Le successeur de ce ministre éclairé, le baron São Lourenço, se laisse embrigader dans des intrigues. Alors, le projet de fondation d'une Académie des beaux-arts rencontre bien des détracteurs, à la tête desquels se trouve le peintre Henrique José da Silva. Les Français sont non seulement jalousés par les artistes portugais attachés à la Cour mais encore ils sont suspects aux yeux du ministre français Maller, qui se méfie de ces bonapartistes. Une vaste polémique oppose les deux camps, qui s'injurient dans les journaux.

A défaut de commencer son enseignement, Debret, qui s'est installé à Catumbi, vit d'une pension royale et de quelques commandes officielles. Un de ses compagnons de mission, Charles-Simon Pradier (1786-1848) grave le portrait que fait Debret du prince régent dom João VI – sa première commande officielle –, et l'arrivée de l'archiduchesse dona Joséphine à Rio, le 12 novembre 1817. Il s'applique à rédiger le règlement de l'Académie, qui ne sera ouverte qu'en février 1825. Son cours sera très prisé puisqu'il aura jusqu'à trente-huit étudiants.

En 1829, Debret organise la première exposition de peinture du Brésil. Aux œuvres des maîtres il joint celles des disciples et paie de sa poche l'édition d'un catalogue. Parmi les cent quinze œuvres exposées figurent dix de ses travaux personnels, dont une allégorie dédiée au mariage de Leurs Altesses Impériales dom Pedro 1er et dona Leopoldina. A côté des thèmes néo-classiques qu'illustrent *l'Amérique exulte de bonheur*, *la Flore de frère Velloso offerte à l'Europe* et *la Minerve brésilienne* (ébauche pour le plafond de la salle des Assemblées de l'Académie des beaux-arts), apparaissent les aquarelles brésiliennes, en particulier les têtes d'Indiens puris et coroados.

Ses disciples et collaborateurs brésiliens souligneront les « services remarquables » rendus par Debret « en faveur de la civilisation du Brésil ». Magalhães ne tarit pas d'éloges au sujet de son maître : « Son cours était fréquenté par la jeunesse studieuse amie des arts ; de son école sont sortis tous ceux qui, parmi nous, comptent dans la peinture. »

Son enseignement dans la tradition néo-classique davidienne représente une rupture esthétique radicale avec le « baroque » brésilien, l'art rococo colonial. Mais la vie brésilienne s'impose à lui, avec sa bigarrure ethnique, ses couleurs, ses aspects insolites, le pittoresque des scènes de rues de Rio et les curiosités d'alentour. En 1827, Debret a l'occasion de participer à une expédition dans le Sud en tant que membre de la suite de l'empereur dom Pedro 1er. Il s'essaie à peindre des scènes historiques, comme *le Départ des troupes*, et surtout il croque les paysages et les bourgs qu'ils traversent pendant leur long périple à travers les provinces de São Paulo, Paraná, Santa Catarina et Rio Grande do Sul. La fin troublée du règne de dom Pedro 1er le pousse à rentrer en France avec son élève préféré, Araújo de Pôrto Alegre.

L'album

A Paris, il retrouve son frère François, architecte de renom, membre de l'Institut de France, qui l'associe à son travail sur le chantier de restauration de Saint-Denis. Mais surtout il tire de ses cartons une série de lithographies accompagnées d'un commentaire qu'il publie en trois volumes chez Firmin Didot. Le premier album est consacré aux Indiens : une vision épique quelque peu déformée par le mythe du Bon Sauvage. Le deuxième présente la multiplicité des activités et des coutumes des Noirs sur lesquelles repose l'économie brésilienne. Et le troisième s'attache à décrire la vie des Portugais et des créoles de Rio de Janeiro. Trois cultures encore distinctes qui vont s'interpénétrer. Debret n'omet pas l'arrivée des immigrés suisses et allemands venus « blanchir » la race. Par-delà l'exotisme, l'artiste assiste avec sympathie à l'émergence d'une nation originale.

A vrai dire, Debret consacre toute son énergie à la rédaction et à l'illustration de son *Voyage pittoresque et*

Présentée comme un décor de théâtre, l'architecture coloniale sert de cadre à des scènes de rue.

historique au Brésil, qu'il publie de 1834 à 1839. Il est très attentif à la transposition du graveur et au tirage des lithographies. Un petit carnet de croquis que détient le cabinet des Estampes de la Bibliothèque nationale, ainsi que les aquarelles des collections Castro Maya et Boghici, permettent de suivre l'évolution de son travail.

Les manuscrits conservés à la bibliothèque de l'Institut de France complètent les textes imprimés. A l'exemple de Rugendas, Debret fait le point des connaissances sur le Brésil dans des chapitres généraux. Il propose également le commentaire de chaque gravure en précisant les conditions et le sens des scènes qu'il peint. Une exégèse plus fouillée permet de montrer les distorsions entre ses observations personnelles, les informations que d'autres lui ont fournies et les généralisations. En effet, il a été nommé membre correspondant de l'Institut dans la catégorie des beaux-arts et il s'acquitte scrupuleusement de ses devoirs en faisant des rapports sur l'avancement des arts au Brésil, fondés sur le témoignage de Pôrto Alegre.

Participant à l'esprit scientifique de son époque, Debret a une passion pour la taxinomie – on connaît trois tableaux qu'il fit en l'honneur de frère Velloso, auteur de la *Flore brésilienne*. Cette préoccupation se lit non seulement dans ses planches sur les divers habitats tupis, les ethnies indiennes ou africaines, mais encore dans sa manière de reconstruire une scène : ainsi observe-t-il une gamme de chapeaux utilisés par des esclaves et les réutilise-t-il pour ses personnages qui tendent toujours vers l'archétype.

L'axe central de sa vision du monde se résume en une formule qui faisait recette au XIXe siècle : le passage de la barbarie à la civilisation. Le « peintre-philosophe », imbu des principes de la Déclaration des droits de l'homme et du citoyen, devait sentir un réel malaise face à la pratique de l'esclavage. Cet homme des temps révolutionnaires adhère au « langage des principes » que revendiquerait Starobinski. Et la mystique du progrès justifie son action et oriente sa présentation « évolutionniste » de la société brésilienne.

La réception mitigée

« Le Brésil, connu par l'Europe cultivée seulement comme un désert vaste et merveilleux habité par des sauvages anthropophages, commence enfin à recevoir l'attention qu'il mérite. (...) Les objets concernant les arts sont traités dans le *Voyage pittoresque et historique au Brésil*, depuis le désert vierge jusqu'à la ville, depuis la cabane de l'Indien jusqu'à la plus belle église de la capitale, depuis les coutumes de l'habitant des forêts jusqu'aux fêtes de la Cour ; et les tableaux dessinés avec fidélité à côté de véritables descriptions en font une œuvre de la plus grande importance. »

Ainsi Magalhães rend compte de l'évolution de Debret dans la revue *Nictheroy* : « Arrivé au Brésil, M. Debret, observateur instruit, peintre infatigable et philosophe, sentit qu'une nouvelle époque s'ouvrait pour son génie. »

Le premier volume plut, à un moment où l'Indien était érigé en symbole national romantique, mais les Brésiliens, en Europe, ressentirent quelque honte à la parution du second volume, consacré aux esclaves : « La conformation du crâne, la configuration du visage, la hauteur des angles externes des yeux, le libre développement des extrémités, ont été parfaitement conçus par le peintre naturaliste. Et la vue de ces lithographies permet à un zoologiste de se faire une idée parfaite de ce qu'est un sauvage des forêts du Brésil. Au fur et à mesure que le sauvage se civilise, le peintre le suit jusqu'à l'état de riche propriétaire ou de soldat. Toutes les armes de guerre, et les instruments de combat ont été fidèlement copiés à partir des objets qui se trouvent au musée de Rio de Janeiro, ainsi que les manteaux de plumes, les cocardes, les casques et l'ensemble des ornements des sauvages. Le deuxième volume contient les us et coutumes du peuple, dont certains disparaissent avec le progrès de la civilisation. »

Si le jugement des Brésiliens « modernes » lui était favorable, Debret a choqué les « anciens » par son réalisme. La réaction des membres de l'Instituto Historico Imperial en 1840 fut des plus mitigées : « Le deuxième volume présente peu d'intérêt pour le Brésil, parce qu'ayant été commencé en 1816, puis achevé en 1831 quand l'auteur est reparti en France, il n'a pas pu inclure les changements qui ont eu lieu au Brésil dans les domaines des arts, des coutumes et des sciences. » *(Revista do Instituto Historico, vol. 3, 1841).*

De fait, *le Voyage pittoresque au Brésil* est devenu l'un des monuments historiques de cette nation parce que Debret réussit à fixer ses singularités en alliant la tendresse du cœur à la rigueur de l'entomologiste.

Mario Carelli

Dans la tradition néo-classique, Debret exécute une série de dessins de nymphes et de divinités antiques.

Les étrangers témoins du métissage

Dès le XIXe siècle, des observateurs prennent conscience de l'originalité des multiples formes de métissage. Certains y voient un atout, d'autres un danger pour le Brésil...

La vision prophétique d'un commerçant français L.-F. de Tollenare, qui observa la société du Nordeste entre 1816 et 1818.

On s'étonne toujours de voir ce littoral du Brésil sans culture, et cependant habité, car d'ici à Pernambuco on n'y rencontre que quelque vingt ou trente sucreries et point de culture de coton, celle-ci n'étant faite que dans l'intérieur. Mais cet étonnement cesse quand on observe qu'il y a une immense population de Brésiliens descendants de Portugais qui savent vivre avec une livre de farine de manioc par jour et un peu d'eau, à qui il ne faut pour maison qu'une hutte, pour meubles qu'un hamac et un fusil, et qui sont heureux quand ils ont du tabac et du repos. Or ils peuvent se procurer cette existence, qu'ils appellent délicieuse, en grattant un peu la terre autour de leur hutte pendant quatre ou cinq jours de l'année. Nous autres, Européens, ne nous faisons pas l'idée d'une telle vie nonchalante. (...)

Le jour où l'industrie se réveillera au Brésil, on sera étonné de la quantité de bras libres qui se présenteront au travail. Ce seront ces innombrables *moradores*, dont j'ai déjà parlé, qui les fourniront. Ils consomment tout ce qu'il produisent. Mais lorsqu'ils prendront le goût de produire plus qu'ils ne consomment, où lorsqu'ils auront celui de consommer davantage, on verra le Brésil prendre une consistance presque européenne, bien différente de celle des Antilles où il paraît qu'on ne pourra jamais se passer de l'esclavage. L'apathie, la modération des désirs que l'on qualifie peut-être à tort de paresse, ne promettent pas si prochainement un changement. Mais s'il est vrai qu'il soit du devoir d'un bon gouvernement d'exciter chez les peuples l'amour des jouissances variées afin de stimuler en même temps l'industrie et d'augmenter là la richesse nationale, il n'y a pas de doute qu'une administration habile pourra produire au Brésil le changement dont je parle, car il en a tous les éléments dans une grande population acclimatée.

L.-F. de Tollenare,
Notes dominicales prises pendant un voyage en Portugal et au Brésil (1817).

Maurice Rugendas n'est pas seulement un remarquable peintre voyageur, il est également un observateur amusé et lucide de la vie brésilienne.

Le nombre des mulâtres est incomparablement plus grand, et il serait difficile, surtout dans la masse du peuple, de trouver beaucoup d'individus de l'extérieur desquels on pût conclure avec quelque certitude qu'ils n'ont point hérité de sang africain de leurs ancêtres. Quelque bizarre que puisse paraître l'assertion que nous allons émettre, c'est moins au sens de la vue, c'est moins à la physiologie qu'à la législation et à l'administration qu'il appartient de décider de quelle couleur est tel ou tel individu ; les hommes qui ne sont pas d'un noir bien prononcé, ceux qui ne portent pas d'une manière incontestable et sans mélange les caractères de la race africaine, ne sont pas nécessairement des hommes de couleur ; ils peuvent, selon les circonstances être considérés comme Blancs. Il y a longtemps qu'au Brésil les lois qui excluaient les mulâtres de toutes les dignités civiles et ecclésiastiques sont tombées en désuétude. On trouve des hommes de couleur dans toutes les branches de l'administration, dans le sacerdoce, dans l'armée, et il en est même qui appartiennent à de très bonnes familles.

Lorsque la naissance, les alliances, les richesses ou le mérite

“Les femmes mulâtres se distinguent par les avantages du corps et de l'esprit.”

personnel permettent à un mulâtre d'aspirer aux places, il est rare, ou même il n'arrive jamais que sa couleur ou le mélange de son sang devienne un obstacle pour lui. Fût-il de la nuance la plus foncée, on l'inscrit comme Blanc, et il figure comme tel non seulement dans les papiers qu'on lui délivre, mais encore dans toute espèce de négociation, et dès lors il est apte à tous les emplois. Il serait facile de citer de nombreux exemples d'hommes qui occupent les postes les plus distingués et que l'on compte parmi les fonctionnaires les plus habiles, quoique leur extérieur révèle, à n'en pas douter, le sang indien ou africain qui coule dans leurs veines. Dans le pays cela ne fait aucune difficulté, et quand on en parle, c'est presque toujours pour répondre à la question d'un étranger, jamais dans un esprit de raillerie ou de dénigrement. Sous ce rapport, rien ne caractérise mieux l'état des idées dominantes que cette réponse d'un mulâtre auquel on demandait, en parlant d'un *capitão-mor* (le chef d'un district), si ce *capitão* n'était pas aussi mulâtre. Il l'était, répliqua-t-il, mais il ne l'est plus : *era porém ja não é.* L'étranger voulant obtenir l'explication de cette singulière métamorphose, le mulâtre ajouta : *pois Senhor, capitão-mor pode ser Mulato ?* Comment donc, Monsieur, un *capitão-mor* peut-il être mulâtre ? (...)

Les mariages entre Blancs et femmes de couleur sont très fréquents dans les classes moyennes et inférieures, et n'ont rien de choquant ; on voit même de ces unions dans les classes plus élevées. On ne s'en formalise que quand une femme blanche d'une famille riche et considérée épouse un homme d'une couleur très foncée ; encore ces unions sont-elles moins un sujet de blâme que d'étonnement. (...)

Un Blanc de distinction se déciderait tout aussi difficilement à s'unir à une femme blanche de basse classe, qu'à prendre une femme de couleur.

Les femmes mulâtres se distinguent par leur amabilité et par les avantages du corps et de l'esprit. Les embarras qui résultent des passions qu'elles inspirent, et des obstacles élevés par leur naissance, amènent souvent des unions d'une espèce très singulière. Qu'un homme considéré éprouve de l'inclination pour l'une d'elles, il arrivera souvent, si des considérations de famille l'empêchent de l'épouser, qu'il la prenne chez lui. Elle demeurera des années entières à la tête de son ménage, ce qui ne l'empêchera pas de recevoir ni de rendre des visites que lui font des femmes mariées et mêmes les plus estimées. Quelquefois, le mariage ne se fait qu'après plusieurs années et quand cette liaison a produit plusieurs enfants. Si d'impérieuses raisons contraignent l'homme à prendre une autre femme, il donne une dot à sa mulâtre, qui trouve facilement un mari de sa couleur et de son état ; car on la regarde comme une veuve, et point du tout comme une femme de mauvaises mœurs. (...) Ordinairement les femmes mulâtres font preuve envers leur ami d'une grande fidélité, et sont capables de soins assidus, au point de faire honte aux unions consacrées par la loi et sanctifiées par l'Église.

On remarque dans tout cela une tendance constante des couleurs foncées à rapprocher la postérité de la couleur blanche : c'est ce qui donne la clef de beaucoup de choses qui pourraient être pour l'Européen un sujet d'étonnement.

Il serait difficile de peindre en

traits prononcés et généraux le caractère national des Brésiliens ; d'autant plus difficile qu'ils commencent à peine à former une nation.

Maurice Rugendas,
Voyage pittoresque dans le Brésil (1835).

À propos de l'esclavage, le comte de Gobineau, ministre de France à Rio de Janeiro en 1869, adresse un rapport au ministère des Affaires étrangères à Paris. Il dénonce la dégénérescence des métis brésiliens et prophétise la décadence d'une « population toute mulâtre, viciée dans le sang, viciée dans l'esprit, laide à faire peur » !

Il faut l'avouer, la plus grande partie de ce qu'on appelle *Brésiliens* se compose de sang-mêlé, mulâtres, quarterons cabocles de degrés différents. On en trouve dans toutes les situations sociales. M. le baron de Cotégipe, ministre actuel des Affaires étrangères est un mulâtre, il y a au Sénat des hommes de cette classe ; en un mot qui dit Brésilien, à peu d'exceptions près, dit homme de couleur. Sans entrer dans l'appréciation des qualités physiques ou morales de ces variétés, il est impossible de méconnaître qu'elles ne sont ni laborieuses, ni actives, ni fécondes. Les familles métisses se détruisent si vite que certaines catégories de mélanges existant il y a vingt ans à peine ne se retrouvent plus, par exemple les mamelucks, et, d'autre part, la grande majorité des planteurs dont j'ai signalé tout à l'heure la fâcheuse situation économique, vivent dans un état très voisin de la barbarie au milieu de leurs esclaves, et ne se distinguent d'eux ni par des goûts plus raffinés, ni par des tendances morales plus élevées. Il en résulte que le commerce, les intérêts et toutes les fabrications grandes ou petites sont dans les mains des étrangers. Ces derniers envahissent tout, et cela à tel point que beaucoup de plantations appartiennent à des Portugais, les plus nombreux, les plus agissants, les plus riches de ces émigrants, et que ceux-ci fournissent contre l'esclavage dans l'Amérique du Sud un des arguments les plus forts que l'on puisse alléguer. C'est le fait du travail des Blancs dans les Caféries.

Les Brésiliens se voyant ainsi débordés par les éléments européens et obligés d'y avoir recours pour vendre leurs produits, pour construire des maisons, pour avoir des meubles, des vêtements, des ustensiles, ne trouvant que là à emprunter pour leurs besoins sans cesse renouvelés, se voient dépérir, remplacés graduellement dans leur propre pays. L'esclavage leur permet encore de se soutenir quelque peu, parce que l'esclave travaillant donne ce qu'il fait au maître qui ne produit rien, mais du jour où l'esclavage se trouverait en présence de la concurrence étrangère déjà si fortement maîtresse du terrain, il est évident que, voulût-il travailler à son tour, il n'aurait pas le moyen de lutter avec avantage et on peut l'affirmer : le Brésilien ne voudra jamais travailler. Il ne peut donc prévoir que son extinction graduelle, et de là provient son peu de goût pour en arriver à l'application des principes libéraux à l'égard des Noirs, principes que d'ailleurs il ne discute nullement.

(...) Au Brésil, comme dans tout le reste de l'Amérique, l'esclavage a fait plus de mal aux possesseurs d'esclaves qu'aux esclaves eux-mêmes.

Pour me résumer, je crois pouvoir conclure que la question de l'esclavage au Brésil ne saurait actuellement recevoir une solution ; que, si cette solution est trop retardée, elle viendra naturellement par l'extinction de la classe servile ; que si elle est faite à temps, elle n'empêchera pas cette extinction ; que la population à proprement parler brésilienne et qui, de fait, est métisse et au moins aussi parente des Noirs que des Blancs, quand on la considère dans son ensemble, est de même destinée à disparaître, soit par extinction, soit par absorption dans les familles portugaises qui viennent s'établir ici, et l'on peut prévoir dans un temps donné, la suprématie absolue d'une sorte de nation nouvelle dont les Portugais des Açores et du sud du royaume formeront la base, et qui sera plus ou moins mêlée d'Allemands, de Français et d'Italiens.

Comte de Gobineau,
Question de l'esclavage au Brésil (1869).

L'enchevêtrement des races et des cultures

En 1933, tout jeune professeur, l'anthropologue Claude Lévi-Strauss habitait à São Paulo. Avant d'aller faire des recherches de terrain chez les Indiens, il se livrait à l'étude de la société pauliste.

A São Paulo, on pouvait s'adonner à l'ethnographie du dimanche. Non auprès des Indiens des faubourgs dont on m'avait fait la fausse promesse, car les faubourgs étaient syriens ou italiens et la curiosité ethnographique la plus voisine, à une quinzaine de kilomètres, consistait en un village primitif dont la population vêtue de loques trahissait par ses cheveux blonds et ses yeux bleus une origine germanique récente, puisque c'est aux environs de 1820 que des groupes de colons allemands étaient venus s'installer dans les régions les moins tropicales du pays. Ici, ils

Parmi les premiers photographes à travailler au Brésil, Victor Front se singularise par son goût pour les sujets ethnologiques, comme dans cette scène où des esclaves préparent la cuisine en plein air.

s'étaient en quelque sorte fondus et perdus dans la misérable paysannerie locale, mais plus au sud, dans l'État de Santa Catarina, les petites villes de Joinville et de Blumenau perpétuaient sous les araucarias une ambiance du dernier siècle : les rues bordées de maisons aux toits à forte pente, portaient des noms allemands ; on y parlait cette seule langue. A la terrasse des brasseries, des vieillards à favoris et à moustaches fumaient de longues pipes à fourneau de porcelaine.

Autour de São Paulo, il y avait aussi beaucoup de Japonais ; ceux-ci étaient d'un abord plus difficile. Des entreprises d'immigration les recrutaient, assuraient leur passage, leur logement temporaire à l'arrivée, puis les distribuaient dans des fermes à l'intérieur qui tenaient à la fois du village et du camp militaire. Tous les services s'y trouvaient réunis : école, atelier, infirmerie, boutiques, distractions. Les émigrants y passaient de longues périodes dans une réclusion partiellement volontaire et systématiquement encouragée, remboursant leur dette à la compagnie et déposant leurs gains dans ses coffres. Après plusieurs années, celle-ci se chargeait de les ramener dans la terre de leurs ancêtres pour y mourir, ou, si la malaria avait eu raison d'eux auparavant, de rapatrier leur corps. Tout était organisé pour que cette grande aventure se déroulât sans qu'ils eussent jamais le sentiment d'avoir quitté le Japon. (...)

Au cœur de la ville, certains marchés des quartiers populaires étaient tenus par les Noirs. Plus exactement – puisque ce terme n'a guère de sens dans un pays où une grande diversité raciale s'accompagnant de fort peu de préjugés, au moins dans le passé, a permis les mélanges de toutes sortes – on pouvait s'y exercer à distinguer les *mestiços* croisés de blanc et de noir, les *caboclos*, de blanc et d'indien, et les *cafusos*, d'indien et de noir. Les produits en vente conservaient un style plus pur : peneiras, tamis à farine de manioc de facture typiquement indienne, formés d'un treillis lâche de bambous refendus et cerclés de lattes ; *abanicos* : éventails à feu, aussi hérités de la tradition indigène, et dont l'étude est plaisante (...).

On pouvait enfin observer et recueillir un rustique folklore : fêtes de mai où les villages s'ornaient de vertes palmes, luttes commémoratives fidèles à la tradition portugaise, entre *mouros* et *cristãos* ; procession de la *nau catarineta*, navire de carton gréé de voiles en papier ; pèlerinage à de lointaines paroisses protectrices des lépreux où, dans les effluves crapuleux de la *pinga* – alcool de canne à sucre très différent du rhum et qu'on absorbe pur ou en *batida*, c'est-à-dire mêlé au jus de citron galé – des bardes métis, bottés, costumés d'oripeaux et prodigieusement ivres, se provoquaient au son du tambour à des duels de chansons satiriques. Il y avait aussi les croyances et les superstitions dont il était intéressant de faire la carte : cure de l'orgelet par l'imposition d'un anneau d'or ; répartition de tous les aliments en deux groupes incompatibles : *comida quente*, *comida fria*, nourriture chaude et nourriture froide. Et d'autres associations maléfiques : poisson et viande, mangue avec boisson alcoolisée ou banane avec du lait.

Claude Lévi-Strauss,
Tristes Tropiques.

L'Indien présent et absent

Combien sont-ils ? Cent mille ? Deux cent mille peut-être, à en croire ceux qui crient le plus fort. Cela fait bien autant de monde que dans tel ou tel de ces micronésiques États des Caraïbes ou du Pacifique, qui disposent d'un vote à l'ONU.

À l'échelle des 135 ou 140 millions d'habitants que compte le Brésil, cela ne représente pas plus de 0,07 à 0,15 % de la population totale : une misère ! Qui n'est même pas à la hauteur d'une seule de ces *favelas* où s'entasse la pauvreté des villes.

Et pourtant, sur les rayonnages des librairies de São Paulo et de Rio de Janeiro, l'ethnologie – qui fait pâture de toute minorité – le dispute en mètres de publications à la sociologie, occupée elle des 99,9 % « restants » de la société brésilienne... D'autre part, sur la scène des débats internationaux, orientés il est vrai par les préférences des médias, l'importance concédée à l'Indien supplante de très loin celle qui est accordée à n'importe quel autre aspect du Brésil, y compris le football. Bref, l'Indien du Brésil est le champion du monde de la visibilité !

D'abord, il est beau. L'objectif des caméras est comme pris d'orgasme devant la splendeur du corps nu des Indiens ; devant le drapé de leurs longues chevelures d'ébène ; devant la luisance et la rutilance des peintures corporelles sur le grain d'une peau où, avec la prudence d'une larme, parfois s'avance une goutte de sueur ; devant la magnificence enfin des plumasseries, capables de porter le visage indien à la radiance d'un astre ! Mais sa beauté n'est pas que physique : elle doit sa sublimité à la conviction que l'Indien serait emblématique de cette humanité sans inégalités et sans haine que notre mythologie postule avant la « chute », avant la déchéance qui devait nous précipiter dans cette déplorable réalité où nous sommes, au sein de laquelle il n'est plus rien qui ne s'apprécie en termes de succès ou d'échec. À l'inverse, tel qu'il nous est montré dans la fiction indigéniste, c'est-à-dire extérieur au débat historique parce que antérieur à lui, l'Indien n'est pas cerné par l'efficacité, mais se définit par l'accès de plain-pied qu'il possède au bonheur.

Vision poétique, naïve donc innocente ? Voire. *Homo aestheticus, homo hedonicus* situé en deçà ou au-delà du politique, l'Indien ainsi réduit à l'épaisseur d'une abstraction fournit un intarissable prétexte à la production d'énoncés faussement politiques par tous ceux qui, comme d'autres utilisent une œuvre d'art pour masquer l'emplacement d'un coffre-fort, se servent de la séduction d'un discours « culturel » pour mieux dissimuler les véritables enjeux du politique et de l'économique. C'est ainsi que, réagissant apparemment contre cette « édénisation » de l'Indien qui fait le fond de tous les indigénismes, de nombreux ethnologues se sont mis à protester contre le sort réellement réservé aux Indiens. À leurs yeux cependant, la condition d'Indien n'en demeure pas moins suffisamment enviable pour que soit revendiqué comme droit premier pour les Indiens celui de se perpétuer comme tels (moyennant bien entendu l'élimination d'un certain nombre « d'inconvénients »). Hélas ! dès que l'on envisage de transposer dans la pratique cette idée aux couleurs généreuses, on se rend bientôt compte qu'elle est inapplicable. Ne serait-ce qu'en raison de l'impossibilité de délimiter l'Indien en tant que catégorie sociale.

Impossible en effet de le définir dans les seuls termes de la misère et de la marginalité : celles-ci se retrouvent – et souvent pires, hélas ! – dans maints secteurs non indiens de la société brésilienne. Impossible également de circonscrire un mode de vie qui serait typiquement indien, puisque celui qui apparaît généralement comme tel est en fait partagé par beaucoup de non-Indiens, lesquels sont d'ailleurs fréquemment des ex-Indiens ayant renoncé à leur identité. Voilà pourquoi le phénotype – grossièrement dit : la race – ne constitue pas davantage un critère véritablement démarcatif, puisque des groupes communément acceptés pour indiens sont en fait quelquefois profondément métissés, tandis que la population dite métisse montre fréquemment des traits physiques nettement indigènes. D'où le caractère hasardeux des estimations quantitatives, qui peuvent varier du simple au double selon que l'on déplace un tant soit peu le critère subjectif qui fait voir de l'Indien ici et non là...

On en arrive ainsi à l'idée que les ethnicités indiennes – comme toute ethnicité d'ailleurs – ne consistent qu'en la prise en charge idéologique, au niveau du groupe restreint qui s'en fait un rempart identitaire, du caractère infranchissable de la discrimination qui l'empêche de négocier une place mieux concertée dans des socialités plus vastes. Par conséquent, au Brésil comme en tout autre endroit des Amériques, être Indien, ce n'est rien d'autre qu'appartenir à cette « catégorie résiduelle » où l'on ne retrouve que ceux qui n'ont pu se soustraire à l'inégalité fondamentale, référée à la race ou à la culture, qui empêche d'accéder réellement à la commune condition de citoyen. Que cette dernière soit elle-même traversée d'inégalités extravagantes n'est pas douteux. À ce niveau cependant, les inégalités changent de nature dès lors qu'elles peuvent être posées comme « théoriquement surmontables », puisqu'on les attribue à du social renégociable et non plus au caractère fatalement irréversible d'une exogénéité biologico-culturelle.

En suivant le schéma d'analyse proposé ci-dessus, on interprète sans difficulté l'enchaînement des douloureux phénomènes qui sont constitutifs du fait indien. De cette catégorie résiduelle d'Indien s'échappent en effet sans cesse les individualités à la fois les plus entreprenantes et les plus adaptables, lesquelles n'ont rien de plus pressé que d'aller rejoindre le camp des non-Indiens, qui le plus souvent s'opposent directement – ne serait-ce qu'en raison de leur voisinage immédiat et de la compétition pour les mêmes ressources – à ceux que les intimidations extérieures autant que leurs timidités propres maintiennent retranchés dans les ethnicités indiennes !

Pour tenter de limiter les conséquences désastreuses de cet affrontement (dont s'appliquent bien entendu à tirer les ficelles des intérêts politiques et économiques d'une tout autre échelle), l'État brésilien (de qui on ne peut théoriquement attendre qu'une volonté officielle d'intégration de tous les Brésiliens, Indiens compris, à la citoyenneté nationale) n'en a pas moins cédé à des pressions « humanistes », en déléguant à des organisations explicitement indigénistes (le SPI d'abord, puis la FUNAI) la mission de protéger l'Indien contre les menaces d'agression que fait peser sur lui... l'environnement brésilien lui-même !

Quel organisme serait à même d'affronter les contradictions de la mission confiée à ces institutions : protéger les Indiens contre des exactions essentiellement perpétrées par des ex-Indiens, au moyen d'initiatives visant à préserver les premiers en tant que tels, c'est-à-dire à les empêcher en fait d'aller rejoindre les seconds, par toute une série de mesures réservant aux premiers, en tant que privilèges, les biens et les services qui font précisément défaut aux seconds ! Qui ne voit qu'une telle action, loin d'alléger les tensions sur le terrain, fait tout pour les accroître ? Par exemple lorsqu'elles aboutissent à des décisions aussi exorbitantes que l'attribution d'un territoire grand comme six fois la superficie d'un État du Nordeste (toutes ressources naturelles comprises !) à quelques centaines d'indigènes horticulteurs-chasseurs ! Allez donc vous étonner si dans ces conditions, comme cela s'est souvent produit dans le passé, ceux qui nourrissent des vues sur les ressources de ce territoire, arrivent à l'implacable conclusion que seul le génocide pourra les délivrer des « gêneurs » que constituent de tels Indiens, convertis par la loi en inqualifiables privilégiés !

Se montrant en ceci plus lucides que les indigénistes et l'administration, les peuples indigènes du Haut-Purus, Caxinauas et autres, ont compris qu'en Amazonie la pacification qui est à faire n'est pas celle des derniers « sauvages », mais celle du contexte social qui les environne. C'est pourquoi, après s'être délivrés dans un premier temps de la tutelle de leurs patrons semi-esclavagistes, ces Indiens-là ont procédé eux-mêmes à la délimitation de leurs terres, puis ont conclu un accord, fin 1986, avec le Conseil national des récolteurs de caoutchouc, organisation non patronale de petits exploitants forestiers, pour former avec ces derniers l'Alliance amazonienne des peuples de la forêt. L'accord prévoit la constitution de coopératives mixtes regroupant les petits récolteurs indigènes ou non, afin de permettre aux uns et aux autres de se partager pacifiquement les ressources de la forêt, tout en se protégeant par ailleurs contre les différents modes d'agression extérieure qui visent indistinctement les forestiers indiens et non indiens.

Il y a là une nouveauté considérable dans la façon pour les Indiens de postuler l'intégration à la nation brésilienne. Cette fois, il ne s'agit plus pour eux de simplement déposer les armes et de se rendre. Ni plus ni moins que ces milliers de travailleurs polonais, italiens, espagnols, immigrés en France, qui autrefois se dépouillèrent de leur dimension ethnique pour devenir Français « en misant politiquement et socialement sur une France contre une autre », ces Caxinauas-là montrent qu'ils n'ont rien d'un *homo aestheticus/hedonicus* tournant délibérément le dos au politique : s'ils prétendent devenir Brésiliens, c'est en s'inscrivant vaillamment dans un combat qui devrait être celui de la société brésilienne dans son entier : celui qu'inspire le refus des inégalités, de la discrimination et du mépris.

André-Marcel d'Ans

Le racisme à la brésilienne

Attention ! le terrain est miné, car il n'est pas de question plus débattue et plus brûlante. Pour certains, le mélange de sangs est placé sous le signe de la fraternité, pour d'autres, la métamorphose de l'esclavage en société métisse, hiérarchisée par la gradation de la couleur, prolonge les grands clivages économiques et politiques d'antan.

Pour le sociologue Gilberto Freyre, l'empreinte omniprésente des Noirs dans l'âme brésilienne et le mélange des races du Brésil en font un pays à part.

Tout Brésilien, même quand il est clair et qu'il a les cheveux blonds, porte dans l'âme l'ombre ou la marque de l'indigène ou du nègre. Du nègre surtout sur le littoral, du Maragnan à Rio Grande du Sud et dans l'État des Minas Gerais. Influence directe, ou vague et lointaine, de l'Africain.

Dans notre façon d'être tendre, dans notre mimique excessive, dans notre catholicisme qui est un délice des sens, dans notre musique, dans notre manière de marcher, de parler, dans les cantiques qui ont bercé notre enfance, bref dans toutes les expressions sincères de notre vie, l'influence nègre est patente. Celle de l'esclave ou de la domestique noire qui veillait sur notre sommeil. Qui nous a allaité. Qui nous faisait manger, adoucissant souvent entre ses mains la pâtée qu'elle nous donnait. De la vieille négresse qui nous a raconté les premières histoires de bêtes ou de fantômes. De la mulâtresse qui nous tirait les vers des pieds comme si elle faisait une caresse. De celle qui nous a initié à l'amour physique et nous a donné, dans le hamac qui grinçait sous le vent, notre première impression de virilité.

On a déjà suggéré que dans les pays esclavagistes, l'attraction sexuelle des fils de famille pour les femmes de couleur se devait en grande partie aux relations intimes de l'enfant blanc avec sa nourrice noire. Et, en fait, les psychologues modernes jugent énorme l'importance psychique de l'allaitement, ses effets sur le jeune enfant.

Gilberto Freyre,
Maîtres et Esclaves.

Mais, comme le montrent les études de Roger Bastide, ce rôle de la femme noire dans la société brésilienne est très ambigu.

Le Blanc d'Amérique latine, délaissant sa femme blanche, lui préférait les mulâtresses, « couleur de cannelle », voire des Noires, qui l'initiaient, à peine sorti de l'enfance, à l'amour physique.
« L'amour que les Noires font
Les Blanches ne savent le faire (...) »
Mais cette valorisation de la femme de couleur par sa sexualité, si elle a pu en certains cas dans une certaine limite (...) lui donner dans des sociétés multiraciales une place privilégiée par rapport à l'homme noir, cache sous une double idéologie : l'une masculine, en liaison avec le système social du patriarcalisme, et économique, de la grande plantation, de la suprématie de l'homme qui se réserve la domination ; l'autre politique, de tous les États, sans exception, de l'Amérique latine qui ne voient d'autres moyens d'intégrer soit les Indiens, soit les descendants d'Africains, aux sociétés nationales que dans leur disparition – je dirai même : leur auto-suicide – par la miscigénation diluant de plus en plus le sang des Indigènes ou celui des Noirs dans le sang des Blancs. Génocide systématisé de la couleur et intériorisation de cette volonté de génocide chez la femme, qui préférera coucher avec un Blanc pour « se purger le sang » (*limpar o sangue*) en mettant au monde des petits mulâtres plutôt qu'avec un Noir qui la ferait sauter en arrière. Il faut donner aujourd'hui aux femmes la parole et aux femmes de couleur encore plus qu'aux femmes blanches.

Roger Bastide,
la Femme de couleur en Amérique latine.

Les cuisines brésiliennes

La carte culinaire du Brésil reflète non seulement la formation ethnique du pays mais encore la diversité de son développement industriel.

Ainsi l'habitant de São Paulo a-t-il adopté, et amélioré les pâtes et les pizzas italiennes sans abandonner certains plats traditionnels de l'héritage luso-brésilien. Mais, dans son quotidien, le Pauliste choisit une cuisine internationale influencée par la diététique. Il mange donc des crudités, souvent cultivées par les Japonais et leurs descendants, alors que dans le Nordeste on dit en plaisantant que la salade, c'est du fourrage pour le bétail.

Ces différentes attitudes s'expliquent par les conditions climatiques – les légumes sont des produits de luxe dans le polygone des sécheresses – et par les coutumes ancestrales. Ainsi, les abats de porc sont indispensables pour la confection d'une *feijoada* parce que ce plat national était à l'origine destiné aux esclaves, et que, aujourd'hui, il ne viendrait à l'esprit de personne de les remplacer par des morceaux de viande plus nobles !

A Manaus ou à Belém do Pará, les plats de poissons et de manioc sont l'héritage direct des tribus indiennes de la région. L'une des plus exquises friandises de manioc, le *beiju*, dérivé du mot tupi *mbeiu*, ne cache pas son origine.

A Salvador de Bahia, la cuisine afro-brésilienne règne encore. Il n'est que de voir les négresses de blanc vêtues, qui confectionnent leurs ragoûts avec de l'huile de palme, des herbes et surtout du piment – pour les touristes, elles précisent que les plats peuvent être servis « chauds » ou « froids », entendez fortement pimentés ou pas –, ou les gâteaux à la noix de coco, pour sentir la marque de l'Afrique. Là encore, l'étymologie est éloquente : le mot qui désigne la boulette de haricots frits dans de l'huile de palme, fortement épicée et servie

Sur les marchés animés du Nordeste, les marchands ambulants vendent du tapioca, farine extraite de la racine de manioc. On en fait des gâteaux qui remplacent le pain.

avec des crevettes, l'*acarajé*, appartient à la langue yoruba.

Les gauchos du Sud restent fidèles au maté et aux grillades chères aux éleveurs qui sillonnaient la pampa. Et depuis la fin du XIXe siècle des milliers d'immigrés européens, syriens, libanais et japonais ont révolutionné les goûts brésiliens. Mais dans l'accumulation de ces cuisines, l'apport des Portugais n'est pas négligeable : on connaît leurs innombrables manières d'accommoder la *bacalhoada* (morue) et le *cozido* (pot-au-feu ibérique). Aujourd'hui encore les Brésiliens apprécient les gâteaux que faisaient les religieuses, tels les beignets de sainte Claire.

Ces plats restent distincts, on n'assiste pas à un syncrétisme culinaire inconnu ailleurs, même si le riz au lait est plus relevé à Bahia qu'à Lisbonne. Il est bien des manières d'accommoder les haricots noirs à la viande séchée servis avec du riz et de la farine de manioc. Ces influences et ce brassage culturel sont toujours pleins de sens pour un Brésilien, qui distingue une cuisine comme un accent. Malgré l'uniformisation des grandes villes, où s'est imposé le « hamburger-coca-cola », manger dans une famille demeure un bon moyen d'en connaître les origines. La richesse de ce monde de saveurs, d'odeurs et de couleurs, s'apprécie dès le marché. Il existe des dizaines d'espèces de bananes ; si la plupart se mangent crues, certains sont cuites ou frites avec de la cannelle. Enfin l'alcool de canne à sucre traditionnel, la *cachaça*, résiste également à l'invasion du whisky et de la vodka « made in Brazil ».

Mario Carelli

La MPB, la musique populaire brésilienne

La musique a une importance capitale dans la culture brésilienne. L'évolution de la M.P.B. accompagne l'évolution culturelle du pays et son pouvoir d'intégration des éléments internationaux. Aujourd'hui, la M.P.B. se débat avec l'invasion universelle du rock...

La musique brésilienne des premiers siècles demeure très mal connue ; cinq mélodies des Indiens ont été recueillies par Jean de Léry en 1557 (...). Les éléments musicaux antérieurs au XVIIIe siècle étaient portugais et africains. La musique d'origine indienne ne présente plus aujourd'hui qu'un intérêt ethnographique car elle est intervenue tout au plus dans la cristallisation de quelques formes folkloriques du pays. Ces formes se distinguent de la M.P.B. fruit de l'acculturation des contributions essentiellement afro-européennes. Les deux piliers de la M.P.B. ont été le *lundu* d'origine africaine et la *modinha* portugaise. La *modinha*, mélodie amoureuse et sentimentale naît dans les salons dans la seconde moitié du XVIIIe siècle. Le *lundu*, danse du ventre et du tronc, rythmée par les claquettes, est l'ancêtre du *maxixe* et de la *samba*.

A la fin du XIXe siècle, Ernesto Nazaré a réalisé la synthèse d'une époque musicalement très riche et Chiquinha Gonzaga, la première femme compositeur, a écrit des chansons de carnaval. C'est l'époque des polkas, des valses, des tangos et d'autres genres qui ont évolué vers le choro, interprétation typiquement brésilienne. De ce mouvement de nationalisation surgissaient des styles nouveaux de danse et de musique à Rio de Janeiro, ville qui dictait la mode dans tout le pays.

Au début du XXe siècle, le carnaval a été la source principale de naissance de divers rythmes populaires liés à la danse. Dans les années 1920 et 1930, la *samba* prend la place du *maxixe* et même de la polka. C'est dans la

Deux des plus grands musiciens contemporains : à gauche, Antonio Carlos Jobim, à droite, le poète compositeur Vinicius de Moraes.

Représentants de la nouvelle génération, de gauche à droite, le compositeur et chanteur Chico Buarque de Hollanda, la chanteuse Maria Bethania et le guitariste Baden Powell.

maison de la Bahianaise tia Ciata que se dansait aussi bien la samba que le candomblé. Pixinguinha et Donga s'y retrouvaient. Ce dernier enregistra la première samba *Pelo telefone* en 1917. La samba ne cessera de se diversifier notamment dans la *samba-canção* de Noel Rosa compositeur blanc qui se distingua par sa manière à la fois lyrique et humoristique, d'une grande intimité d'expression. Si le jazz et la musique américaine envahissent le Brésil à la faveur des premiers microsillons, dans les favelas de Rio les couches les plus pauvres de la population continuent à cultiver les formes de la samba la plus authentique.

Le guitariste João Gilberto inaugure en 1959 avec *Chega de saudade* un nouveau style d'interprétation, doux, contenu, intime, la *Bossa Nova*, nom qui a été donné à toute musique qui prétendait rompre avec les modèles traditionnels de la M.P.B. L'un des maîtres de ce renouveau, Tom Jobim définissait la Bossa Nova comme étant « la rencontre de la samba brésilienne avec le jazz moderne ». Sous la dictature militaire, la tendance dénommée « musique de dénonciation » se détacha de la Bossa Nova avec Geraldo Vandré et Chico Buarque. Simultanément l'un des courants les plus importants fut le Tropicalisme des Bahianais Caetano Veloso et Gilberto Gil qui ne cherchaient pas à revivre un régionalisme ou un nationalisme musicaux mais à trouver une synthèse entre les tendances de la musique internationale et les valeurs de la musique brésilienne.

Lúcio Rangel,
« Música popular urbana »,
in Mirador.

CHRONOLOGIE

Événements politiques, cycles économiques et apports ethniques, grandes manifestations culturelles

1500, découverte du Brésil par Pedro Alvares Cabral
1534, création des capitaineries héréditaires
1539, première demande officielle d'esclaves de Guinée
1549, Tomé de Souza, nommé gouverneur général, fonde Bahia ; arrivée des premiers jésuites
1554, fondation de São Paulo
1555-1567, la France antarctique à Rio de Janeiro
1612-1615, la France équinoxiale du Maranhão
1624-1654, occupation hollandaise
1694, destruction du quilombo de Palmares, découverte de l'or
1720-1750, formation de la province de Minas Gerais et apogée de l'or
1723, le café est introduit au Brésil
1729, découverte des gisements de diamants
1751, 181 familles des Açores s'installent dans le Sud
1755, lois pour liberté des Indiens et pour favoriser leur mariage avec des Blancs
1759, expulsion définitive des jésuites à la tête de 19 collèges
1763, Rio de Janeiro devient la capitale de la colonie
1789, *Inconfidência mineira* (conspiration avortée d'intellectuels favorables à l'Indépendance)
1808, installation de la famille royale à Rio de Janeiro ; ouverture des ports et guerre contre les Botocudos
1822, indépendance et proclamation de dom Pedro Ier empereur du Brésil jusqu'en 1831
1840, majorité de dom Pedro II
1850, fin de la traite négrière
1864-1870, guerre du Paraguay
1888, abolition de l'esclavage
1889, proclamation de la république
1896, cycle du caoutchouc en Amazonie
1907, arrivage des immigrés japonais
1910, fondation du Service de protection des Indiens par le futur maréchal Rondon
1916, organisation d'un Front des Noirs Brésiliens
1930, révolution – Getúlio Vargas
1937, coup d'État – dictature de Getúlio Vargas
1960, inauguration de Brasília, sous la présidence de Jucelino Kubitschek
1964, coup d'État militaire
1985, élection du président civil Tancredo Neves

FILMOGRAPHIE

Anchieta, José do Brasil (Paulo Cesar Saraceni, 1978). Le jésuite José de Anchieta, arrivé au Brésil en 1553, se consacre aux Indiens et apprend la langue tupi.

O Caçador de diamantes (Vittorio Capallero, 1931). L'épopée des « bandeirantes » de São Paulo au XVIIe siècle.

Chica da Silva (Carlos Diegues, 1976). Chica est une esclave du Minas Gerais qui séduit le maître des lieux et obtient sa liberté au XVIIIe siècle.

Chico Rei (Walter Lima Junior, 1985). L'histoire du Roi de Congo qui, réduit en esclavage à Vila Rica au XVIIIe siècle, arrive à racheter sa liberté et celle des siens.

Como era gostoso o meu Francês (Qu'il était bon mon petit Français) (Nelson Pereira dos Santos, 1971). Au XVIe siècle, un Français capturé par les Indiens obtient un sursis grâce à sa connaissance de l'artillerie.

O Descobrimento do Brasil (Humberto Mauro, 1937). Reconstitution de la découverte du Brésil par Pedro Alvares Cabral, d'après le récit de Pêro Vaz de Caminha.

Gaijin, caminhos de liberta de (Tizuka Yamasaki, 1980). Les difficultés d'adaptation des immigrés japonais au Brésil.

História do Brasil (Glauber Rocha et Marcos Medeiros, 1974). Réinterprétation globale de l'histoire du Brésil.

Os Inconfidentes (Joaquim Pedro de Andrade, 1972). Recréation non conventionnelle de la conspiration minière du XVIIIe siècle.

Independência ou Morte (Carlos Coimbra, 1972). La vie de l'empereur Pedro 1er, depuis l'enfance jusqu'à son abdication en 1831.

Inocência (Walter Lima Junior, 1983). Un naturaliste allemand ébloui par la beauté d'une jeune fille du sertão au XIXe siècle. D'après le roman de Taunay.

Quilombo (Carlos Diegues, 1984). Le quilombo de Palmares au XVIIe siècle, fondé par des esclaves noirs en fuite.

Sinhá Moça (Tom Payne, 1953). Au XIXe siècle, la fille du colonel revient de São Paulo avec des idées abolitionnistes.

Les cinéastes brésiliens réinterprètent l'histoire de leur pays, des premiers épisodes de la découverte jusqu'aux problèmes d'aujourd'hui.

Deux héros de la négritude brésilienne : en haut, Chica da Silva, en bas, Chico Rei.

BIBLIOGRAPHIE

Alencar, José de, *Iracéma : légende du Ceara*, trad. Inês Oseki-Dépré, Aix-en-Provence, Alinéa-Unesco, 1985.

Amado, Jorge, *Bahia de tous les saints*, trad. Pierre Hourcade et Michel Berveiller, Paris, Gallimard, 1949 ; *la Balle et le footballeur*, trad. Caroline Claeys-Desbans, Paris, I.L.M., 1986 ; *la Bataille du Petit Trianon*, trad. Alice Raillard, Paris, Stock, 1980 ; *la Boutique aux miracles*, trad. Alice Raillard, Paris, Stock, 1976 ; *Capitaines des sables*, trad. Vanina, Paris, Gallimard, 1952 ; *les Deux Morts de Quinquin-la-Flotte*, trad. Georges Boisvert, Paris, Stock, 1971 ; *Dona Flor et ses deux maris*, trad. Georgette Tavares Bastos, Paris, Stock, 1972 ; *Gabriela, girofle et cannelle*, trad. Georges Boisvert, Paris, Stock, 1971 ; *les Pâtres de la nuit*, trad. Conrad Detrez, Paris, Stock, 1970 ; *Tereza Batista*, trad. Alice Raillard, Paris, Stock, 1974 ; *la Terre aux fruits d'or*, trad. Isabel Meyrelles, Paris, Messidor, 1986 ; *Terre violente*, trad. Claude Plessis, Paris, Nagel, 1946 ; *Tieta d'Agreste ou le Retour de la fille prodigue*, trad. Alice Raillard, Paris, Stock, 1979 ; *le Vieux Marin*, trad. Alice Raillard, Paris, Stock, 1978.

Andrade, Carlos Drummond de, *Conversation extraordinaire avec une dame de ma connaissance*, trad. Inês Oseki-Dépré, Mario Carelli, Geneviève Leibrich, Paris, A.M. Métailié, 1985 ; *Réunion/Reuniâo*, éd. bil., trad. Jean-Michel Massa, Paris, Aubier-Montaigne, 1973.

Andrade, Mário Raul de Morais, *Macounaîma*, trad. Jacques Thiériot, Paris, Flammarion, 1979.

Andrade, José Oswald de Sousa, *Anthropophagies – Mémoires sentimentaux de Janot Miramar ; Séraphin Grand-Pont ; Manifeste de la Poésie Bois-Brésil ; Manifestes et textes « Anthropophages », Ant(h)ologie*, trad. Jacques Thiériot, Paris, Flammarion, 1982.

Assis, Joaquim Maria Machado de, *l'Aliéniste*, trad. Maryvonne Lapouge, Paris, A.M. Métailié, 1984 ; *Dom Casmurro*, trad. Francis de Miomandre, Paris, Institut International de Coopération Intellectuelle, 1936 ; *Dom Casmurro*, trad. Anne-Marie Quint, Paris, A.M. Métailié, 1983 ; *Esaü et Jacob*, trad. Françoise Duprat, Paris, A.M. Métailié, 1985.

Callado, Antônio Carlos, *Mon pays en croix*, trad. Conrad Detrez, Paris, Seuil, 1971 ; *Sempreviva*, trad. Jacques Thiériot, Paris, Presses de la Renaissance, 1985.

Cardoso, Lúcio, *Chronique de la maison assassinée*, trad. Mario Carelli, Paris, A.M. Métailié-Mazarine, 1985.

Carvalho, José Cândido de, *le Colonel et le Loup-garou*, trad. José Carlos Gonzales, Paris, Gallimard, 1978.

Cascudo, Luís da Câmara, *Contes traditionnels du Brésil*, trad. Bernard Alléguède, Paris, Maisonneuve et Larose, 1978.

Coutinho, Edilberto, *Onze au Maracanan*, trad. Jacques Thiériot, Paris, Luneau-Ascot, 1986.

Da Matta, Roberto, *Carnaval, bandits et héros*, Paris, Seuil, 1983.

Dourado, Valdomiro Freitas Autran, *l'Opéra des morts*, trad. Jacques Thiériot, Paris, Seuil, 1986 ; *le Glas de l'agonie*, trad. Geneviève Leibrich, Paris, A.M. Métailié.

Fonseca, José Rubem, *le Cas Morel* suivi de *Bonne et Heureuse Année*, trad. Marguerite Wünscher, Paris, Flammarion, 1979 ; *Du grand art*, trad. Philippe Billé, Paris, Grasset & Fasquelle, 1986.

França, Jr., Oswaldo, *Jorge le Brésilien*, trad. Jacques Thiériot, Arles, Actes Sud.

Gabeira, Fernando, *Les guérilleros sont fatigués*, trad. Anne Rumeau, Paris, A.M. Métailié, 1980.

Gattai, Zélia, *Un chapeau pour voyager*, trad. Jane Lessa et Didier Voïta, Paris, Stock, 1984 ; *la Reine du bal*, trad. Jane Lessa et Didier Voïta, Paris, Stock, 1985 ; *Zélia*, trad. Mario Carelli, Paris, Stock, 1982.

Gomes, Paulo Emílio Salles, *P... comme Polydore*, trad. Maryvonne L. Pettorelli, Arles, Actes Sud, 1986.

Jesus, Carolina Maria de, *Journal de Bitita*, trad. Régine Valbert, Paris, A.M. Métailié, 1982.

Lins, Osman da Costa, *la Reine des prisons de Grèce*, trad. Maryvonne Lapouge. Paris, Gallimard, 1980.

Machado, Dyonélio Tubino, *l'Argent du laitier*, trad. Alice Raillard, Paris, Maurice Nadeau-Papyrus, 1982.

Montello, Josué de Souza, *les Tambours noirs*, trad. Jacques Thiériot, Paris, Flammarion ; *les Tribulations de Maître Severino*, trad. Florence Benoist avec la collaboration de Isa de Ricquesen, Paris, Éd. Maritimes et d'Outre-Mer, 1981.

Nassar, Raduan, *Un verre de colère* suivi de *la Maison de la mémoire*, trad. Alice Raillard, Paris, Gallimard, 1985.

Queiroz, Raquel de, *l'Année de la grande sécheresse*, trad. Jane Lessa et Didier Voïta, Paris, Stock, 1985 ; *Dôra, Doralina*, trad. Mario Carelli, Paris, Stock, 1980 ; *Jean Miguel*, trad. Mario Carelli, Paris, Stock, 1984.

Ribeiro, Darcy, *Maïra*, trad. Alice Raillard, Paris, Gallimard, 1981.

Ribeiro, Joâo Ubaldo Osório Pimentel, *Sergent Getulio*, trad. Alice Raillard, Paris, Gallimard, 1978 ; *Vila Real*, trad. Alice Raillard, Paris, Gallimard, 1986.

Rosa, Joâo Guimarâes, *Buriti*, trad. Jean-Jacques Villard, Paris, Seuil, 1961 ; *Hautes Plaines*, trad. Jean-Jacques Villard, Paris, Seuil, 1969 ; *Premières Histoires*, trad. Inês Oseki-Dépré, Paris, A.M. Métailié, 1982.

Scliar, Moacyr Jaime, *l'Etrange Naissance de Rafael Mendes*, trad. Rachel Uziel et Salvatore Rotolo, Paris, Presses de la Renaissance, 1986.

Telles, Lygia Fagundes, *la Structure de la bulle de savon*, trad. Inês Oseki-Dépré. Aix-en-Provence, Alinéa, 1986.

Torres, Antônio, *Cette terre*, trad. Jacques Thiériot, Paris, A.M. Métailié, 1984.

Trevisan, Dalton, *le Vampire de Curitiba*, trad. Geneviève Leibrich et Nicole Biros, Paris, A.M. Métailié, 1985.

Fleur, téléphone et jeune fille... et autres contes brésiliens (antologia bil.), trad. C. Orfila, J. Penjon, A.-M. Quint, M. Carelli, Paris, L'Alphée, 1980.

Quelques ouvrages de base

Bastide Roger, *Brésil, terre de contrastes*, Paris, Hachette, 1957.

Carelli Mario, **Théry** Hervé et **Zantman** Alain, *France-Brésil : bilan pour une relance*, Entente, 1986.

Freyre Gilberto, *Maîtres et Esclaves*, Gallimard, 1952 et TEL, 1974.

Mauro Frédéric, *la Vie quotidienne au Brésil sous dom Pedro II*, Hachette, 1979; *l'Histoire du Brésil*, Que sais-je ? n° 1533, PUF, 1979.

Théry Hervé, *le Brésil*, Paris, Masson, 1985.

Lectures complémentaires

Bastide Roger, *les Religions africaines au Brésil*, Paris, PUF, 1960.

Camara dom Helder, *Le désert est fertile*, Paris, Desclée de Brouwer, 1971.

Furtado Celso, *la Formation économique du Brésil*, Paris-La Haye, Mouton, 1972.

Lapouge Gilles, *Equinoxiales*, Flammarion, 1977.

Joaquim Maria Machado de Assis (1839-1908)

Lepargneur François, *l'Avenir des Indiens au Brésil*, Paris, Cerf, 1975.

Lévi-Strauss Claude, *Tristes Tropiques*, Paris.

Linhart Robert, *le Sucre et la Faim*, Paris, Minuit, 1980.

Monbeig Pierre, *Brésil*, Que sais-je ? Paris, PUF, 1976 ; *Pionniers et planteurs de São Paulo*, Armand Colin, Paris, 1952.

Paranaguá Panlo, *le Cinéma brésilien*, Beaubourg, 1987.

Pereira de Queiroz Maria Isaura, *Cangaceiros*, Paris, Anthropos, 1958.

Pierre Sylvie, *Glauber Rocha* in *les Cahiers du cinéma*, 1987.

Queiros Mattoso Katia de, *Être esclave au Brésil - XVIe-XIXe siècle, Paris, Hachette, 1979.*

Ribeiro Darcy, *Frontières indigènes de la civilisation*, Paris, 10/18.

Vanhecke Charles, *le Brésil, petite planète*, Paris, Le Seuil, 1976.

Verger Pierre Fatumbi, *Orishas : les dieux yorouba en Afrique et dans le Nouveau Monde*, Paris, Métailié, 1982.

Textes anciens

Antonil, *Cultura e opulência do Brasil por suas drogas e unicras*, édition bilingue d'Andrée Mansuy, Paris, IHEAL, 1968.

Staden Hans, *Nus, féroces et anthropophages*, Paris, Métailié, 1979.

Thevet André, *Singularités de la France antarctique*, Découverte, Maspéro, 1983.

COUVERTURE

OUVERTURE

CHAPITRE I

CHAPITRE II

CHAPITRE III

CHAPITRE IV

CHAPITRE V

TÉMOIGNAGES ET DOCUMENTS

campagne, Bibliothèque nationale de Rio de Janeiro.
110 Indiens Kouben-Kranken.
112/113 Tribu d'Indiens Cainguas, guerriers en armes avec leurs femmes et leurs enfants, photographie, Bibliothèque nationale de Rio de Janeiro.
114 Dom Pedro II et sa nourrice noire.
115 Cultes animistes africains.
116 Bahianaise en costume traditionnel.
117 Vendeur de tapioca.
118 Antonio Carlos Jobim et Venecius de Moraes.
119 Chico Buarque de Hollanda, Maria Bethania et Baden Powell.
112h Photographie du film *Xica da Silva* (Carlos Diegues, 1976).
121b Photographie du film *Chico Rei* (Walter Lima Jr, 1985).
123 Machado de Assis (1839-1908).

INDEX

A

B

C

D

E – F

G – H

I – J

CRÉDITS PHOTOGRAPHIQUES

AAA Photo Paris 110, 116, 117. Ambassade du Brésil, Paris 95. Bibl. nat., Paris 17, 18, 22/23, 24, 28, 29, 30/31, 33h, 48/49, 60, 105. Bibl. Sainte-Geneviève, Paris 21, 36h, 36b, 37b, 44, 45, 80. Bridgeman Archives, Londres 82h. Christian Rose, Paris 118, 119. Dagli Orti, Paris 11, 12/13, 14, 15, 16, 19, 53, 54/55, 57, 72/73, 74h, 81, 84h, 104, 123. Droits réservés 23, 25, 26, 27, 31, 32/33, 33, 34/35, 37h, 38, 39, 40/41, 42, 43, 47, 50/51, 50b, 52h, 52/53, 55h, 56h, 58, 59, 61, 62, 63, 64. 65, 66/57, 68/69, 70, 71, 74/75, 75h, 76/77, 77h, 78, 79, 82/83, 84/85, 86, 90, 91, 93h, 93b, 94, 96, 97, 98, 101, 103, 108, 112/113, 114. Museu do Grão Vasco, Viseu, Portugal 10. Mobilier National, Paris 46. National Museet, Copenhague 20. Paulo Antonio Paranagua 87, 121h, 121b. Pierre Verger 115. Pucciarelli, rome 88/89. Roger-Viollet © Harlingue-Viollet, 35.

MISE EN PAGE

La maquette de cet ouvrage a été réalisée par Corinne Leveuf.

Table des matières

REMERCIEMENTS

Ce livre doit beaucoup aux relectures amicales de Ligia Ferreira Fonseca, de Rachel de Queiroz, d'Hervé Théry et, tout spécialement, d'Ariane Witkowski. André-Marcel d'Ans l'a enrichi de pages inédites. Nous tenons à remercier, à titres divers, Marie-Alice Barroso, Jean Boghici, Alexandre Eulálio, Herberto Sales, Jean Siegriest et Nathalie Beaud ainsi que les éditions Plon, les éditions Masson, les éditions Mirador et les éditions Gallimard pour les textes qu'elles nous ont autorisé à publier.

Les organisateurs de l'exposition remercient Mmes Lucia Olinto de Carvalho et Eneide Gomes de Oliveira, la compagnie VARIG, le Centre national de la bande dessinée et de l'image d'Angoulême, ainsi que Anne Paillard, Jean-Hugues Piettre et Olivier Corbex.